21 世纪高职高专规划教材·财经管理系列

连锁企业信息管理与实训

（第 2 版）

主　编　史严梅

副主编　王文娟　陈晓阳　孙　伟

清 华 大 学 出 版 社

北京交通大学出版社

·北京·

内 容 简 介

本书在讲授理论知识的同时，注重实际应用能力的培养和岗位技能的训练。全书共分为六个模块。模块一从专业基础的角度系统介绍了连锁企业信息管理系统及其开发方法；模块二从具体应用的角度阐述了连锁企业前台管理、后台管理操作流程；模块三和模块四介绍了决策支持系统、网络支持管理、连锁店POS机的使用与维护、条码技术；模块五讨论了连锁企业电子商务的应用问题；模块六突出对学生进、销、存操作技能的培养，介绍了连锁信息系统操作流程。

本书可作为高职高专连锁经营与管理专业的教材，也可供社会相关人士参考。

图书在版编目（CIP）数据

连锁企业信息管理与实训 / 史严梅主编. —2 版. —北京：北京交通大学出版社：清华大学出版社，2018.7

（21 世纪高职高专规划教材·财经管理系列）

ISBN 978-7-5121-3573-4

Ⅰ. ① 连… Ⅱ. ① 史… Ⅲ. ① 连锁企业–企业管理–信息管理–高等职业教育–教材 Ⅳ. ① F717.6

中国版本图书馆 CIP 数据核字（2018）第 132982 号

连锁企业信息管理与实训
LIANSUO QIYE XINXI GUANLI YU SHIXUN

策划编辑：吴嫦娥　　责任编辑：崔　明
出版发行：清 华 大 学 出 版 社　　邮编：100084　电话：010-62776969　http://www.tup.com.cn
　　　　　北京交通大学出版社　　邮编：100044　电话：010-51686414　http://www.bjtup.com.cn
印 刷 者：北京时代华都印刷有限公司
经　　销：全国新华书店
开　　本：185 mm×230 mm　印张：11.5　字数：258 千字
版　　次：2018 年 7 月第 2 版　　2018 年 7 月第 1 次印刷
书　　号：ISBN 978-7-5121-3573-4/F·1775
印　　数：1～4 000 册　　定价：32.00 元

本书如有质量问题，请向北京交通大学出版社质监组反映。对您的意见和批评，我们表示欢迎和感谢。
投诉电话：010-51686043，51686008；传真：010-62225406；E-mail：press@bjtu.edu.cn。

前　　言

随着信息技术和互联网的高速发展，管理信息系统在给我们的管理工作带来高效率的同时，也在不断提高着我们的管理水平，改变着企业管理的方式和方法。管理信息系统在今天的连锁企业经营管理中已经是一种必需。

本书以高职高专连锁经营管理专业的学生为主要读者对象，在讲授理论知识的同时，注重对其实际应用能力的培养和岗位技能的训练。全书共六个模块，包括五个理论模块和一个实训模块。模块一从专业基础的角度系统介绍了连锁企业信息管理系统和连锁企业信息管理系统的开发方法；模块二从具体应用的角度阐述了连锁企业前台管理、后台管理操作流程；模块三和模块四介绍了决策支持系统、网络支持管理、连锁店 POS 机的使用与维护、条码技术；模块五讨论了连锁企业电子商务的应用问题；模块六突出对学生进、销、存操作技能的培养，介绍了连锁信息系统操作流程，强调了实践操作的实用性，促进了"教、学、做"一体化教学。

本书特色：教材内容全面，具有可读性、趣味性和广泛性。汇编了来自教学、科研、企业、行业的最新典型案例，以促进相关课程的学习，教材的编写团队具有"校企融合"的特点，提高了教材使用的宽度和广度。企业信息管理人员的加入，增加了实际的生产案例，使教材内容可读性强。本书可以作为高等职业院校、应用型本科院校连锁经营管理电子商务、信息管理、工商管理等相关专业课教材和选修课教材。

本书的模块二和模块六由史严梅执笔完成，模块一和模块四由王文娟执笔完成，模块三由孙伟、杨晓明和张晔执笔完成，模块五由陈晓阳执笔完成，史严梅进行了全书的统稿。编者在编写本书过程中参阅了大量的资料，参考了多位专家的著作，查阅了大量的网上资料，不能逐一介绍，在这里向他们表示衷心的感谢！另外，教材编写得到潍坊丰华连锁超市的大力支持，一并表示感谢。

本书第 2 版主要更新了部分案例、视野拓展等内容，参考了最近出现的新技术、新应用，增加了新零售背景下电商企业和传统企业的成功发展模式的阐述。由于现代连锁企业经营中新的管理模式不断出现，新的信息技术和技术工具带来的革新产品层出不穷，本书将随着时代的进步而更新，编者愿意接受来自多方的建议和要求以改进本教材。由于编者水平有限，编写时间仓促，书中可能出现错误和不当之处，恳请专家和读者批评指正。

编　者
2018 年 6 月

目　　录

模块一

连锁企业信息管理系统

项目一 连锁企业信息管理系统概述

项目目标

知识目标：理解管理信息系统的概念；连锁企业信息管理的特征和管理内容。

能力目标：掌握总部、门店和配送中心信息管理功能。

案例导入

苏宁信息化建设

几年前，苏宁每年的开店速度超过 200 家，这样的高速扩张有点类似麦当劳的模式，但是对于体量更为巨大的家电零售商来说，面临着远比快餐企业更为复杂的问题，比如新店面前期投资巨大、顾客初期购买率低等都是不可回避的现实问题。

"在顾客付款的那一刻，相关产品的销售信息就已经传送至苏宁的 ERP 系统——即便身在苏宁的南京总部，只要权限足够，随时可以查询苏宁在全国任一座城市任一个店铺的实时销售状态。同时，苏宁的 ERP 系统已经与一些上游供应商实现了 B2B 对接，供应商可以随时掌握商品的销售与库存的状态，获知用户信息。与此同时，苏宁客服系统立刻启动自动排程、自动配载等程序并传递至北京苏宁的物流基地，物流基地的工作人员就着手进行包括商品分类、排车等一系列发货准备，这一切都是依靠苏宁的信息化来实现的。"苏宁电器华北地区管理总部执行总裁范志军向《中国经营报》记者介绍道。

苏宁是国内家电连锁企业中着力信息化建设最早的企业，这主要得益于苏宁电器董事长张近东对连锁商业未来的判断。"沃尔玛给苏宁的最大启示，不是全球的布点、每年 2 000 亿美元的营业额，而是它用于全球连锁管理的信息和物流配送系统。"张近东说。而要实现这一目标，张近东意识到在专注零售业务发展的同时，应当将企业 IT 应用与企业经营管理的整合能力提升到战略高度来看待，必须与能够将管理咨询和 IT 服务整合运用的最具实力的咨询服务公司进行紧密合作。

（改编自：中国经营报）

一、信息管理

（一）信息管理的概念

管理是人类的一种广泛的社会活动，是合理配置社会资源、协调生产要素、改革生产方式、提高生产效率的一种高级劳动，是为了实现已确定的目标而不断进行计划、组织、协调、指挥和控制的动态过程。

信息管理有广义和狭义两种理解。广义的信息管理是指对涉及信息活动的各种要素如信息、人、机器、机构等进行合理的组织和控制，以实现信息及有关资源的合理配置，从而有效地满足社会的信息要求；而狭义的信息管理是指对信息本身的管理，为了一定的目标或要求采用各种技术方法和手段对信息进行组织、控制、存储、检索和规划等。

由于信息存在于人类社会生活的方方面面，信息管理这一社会活动也无处不在，我们可以从不同的角度理解它。

从技术角度，当前主要是以计算机网络方式对信息进行收集、加工、处理和利用，这一直是信息管理研究的重点。人们也创造了许多卓有成效的方法，如分类、主题、代码、数据库、数据字典、数据挖掘、搜索引擎和各类信息系统、网络等，为信息管理提供了强有力的支持工具。长期以来，人们对这一领域的兴趣和研究有增无减，但人们发现，仅仅从技术角度展开研究，不能有效地克服人类面临的信息危机，实现信息管理的预定目标，这是因为人类社会的信息运动是错综复杂的，还受到许多非技术因素的干扰，于是人们采用经济方针、法律、人文的手段和方法研究信息管理。

从经济角度，主要研究以信息的生产、流通和利用为基础的信息市场、信息产业、信息经济的形成、发展、特征和运行模式，信息资源的优化配置，信息技术的评价选择及信息经济效益评价等方面的问题。

从行政和法律角度，立足于政府职能，运用行政手段（政策、计划、规划）和法律手段，对信息活动进行调节和控制，着眼于协调和解决信息化过程中出现的矛盾、冲突、利害关系，促进社会信息化的进程。

（二）信息管理的目标和任务

信息管理的目标不仅是信息管理活动的预期结果，而且也是指导信息管理活动的行动纲领。

宏观层次的信息管理是一种战略管理，一般由国家有关部门运用经济、法律和必要的行政手段加以实施。主要是宏观层次上通过国家有关政策、法规、管理条例等来组织、协调信息的生产和开发利用活动，使信息按照国家宏观调控的目标，在不影响国家信息主权和信息安全的前提下得到最合理的开发和最有效的利用。

微观层次的信息管理是指各级政府部门、信息机构和企业等基层组织，认清组织内各级各类人员对信息的需求，合理组织和开发信息，并向他们提供信息，以实现信息的效用价值。

二、连锁企业信息管理

（一）现代连锁企业

现代连锁企业是指在核心企业的领导下，由分散的、经营同类商品和服务的零售企业，通过规范化经营实现规模效益的企业联合体组织形式。

连锁店是指众多小规模的、分散的、经营同类商品和服务的同一品牌的零售店，在总部的组织领导下，采取共同的经营方针、一致的营销行动，实行集中采购和分散销售的有机结合，通过规范化经营实现规模经济效益的联合。

商业连锁企业不同于单店企业、多店企业，在概念上具有四个鲜明的一致性，即经营理念、企业形象、商品组合服务和经营管理的一致性。商业连锁企业的最大优点在于能取得大规模经营的经济效益，并能在较短时间内通过资金统筹、组织扩展等方式使连锁企业迅速发展，有利于社会资源的优化配置。连锁企业由总部、门店和配送中心构成。

总部是连锁经营管理的核心，主要具备采购、配送、财务管理、质量管理、经营指导、市场调研、商品开发、促销策划和教育培训等功能。

门店是连锁企业的基础，主要职责是按照总部的指导和服务规范要求，承担日常销售业务。

配送中心是连锁企业的物流机构，承担着各门店所需商品的进货、库存、分货、加工、集配、运输、送货等任务。配送中心可以是社会化的，也可以是企业自营的。连锁企业自营的配送中心主要为本连锁企业服务，也可面向社会提供服务。

连锁经营取得成功的关键有两点，即标准化和经营理念。标准化是指在精心设计安排的基础上，按照一定的规则经营门店。标准化是连锁经营始终坚持、不断开发、不断完善的经营技术，贯穿经营和发展的全过程。经营理念，简单地说，就是从消费者立场出发，通过开发新商品，改善经营管理技术，不断满足顾客多品种、个性化的商品需求，创造丰裕、便利的消费生活。

现代连锁企业管理将企业攒零合整，将商品化整为零，采、销分工进一步细化，商品流转过程中的进货、送货、销售、库存及决策等分别由专业化的职能部门来完成，同时辅助以项目小组或委员会等多种形式协调各部门的工作，以系统工程的方法来进行管理，从而可以大幅度地降低商品的进价，合理调整商品结构，集中配送，减少库存积压，加速资金周转，从整体上提高连锁企业的经济效益。同时，连锁经营管理还可以使资金、商品在总体上有明确的流向，商品流通各环节逐步规范化、标准化，多个环节形成一种流水化的作业活动。

连锁企业信息管理主要是通过信息技术，赋予合理化、制度化、规范化的观念，提高商品流通的效率，使物流、资金流和信息流等畅通无阻，达到最佳的有效利用，从而改善经营环境，降低中间成本，提高商品的竞争力，同时，也能更好地掌握市场趋势和创造更多的商业机会，尤其是能够快速、便利地适应顾客，满足顾客需求。连锁企业内部的物流管理及其相关的信息流管理极为重要，其与供应商之间的联系也是十分紧密的，因此及时收集、处理、掌握和运用经营的相关信息对企业经营起到了至关重要的作用。国外一些发达国家的著名连锁企业为了及时了解和掌握消费者对连锁企业与商品的各种需求，均投入大量资金建设现代化的信息网络，保证能够动态地掌握市场变化，快速组织适销对路的商品，扩大市场的占有率。据有关资料统计显示，在美国，商业连锁企业管理信息系统已经占到各类管理信息系统总量的 60%以上。

（二）连锁经营的信息源

连锁企业经营的信息源多种多样，从连锁企业信息管理的角度来考虑可以分为企业内部信息源和企业外部信息源。

1. 企业内部信息源

企业内部信息源是直接、重要、及时而可靠的信息源，主要有以下几种。

1）企业内部各机构

例如，管理策划、经营销售、财务统计、顾客服务、维修服务等机构以及人事、后勤、党团组织及工会等部门发出的各种信息。

2）各类经营现场

商业经营活动的各类现场是最根本、最丰富、最直接、最生动的，也是最重要的信息源，包括店铺（柜组）、展销会、博览会、洽谈会、订货会等。

2. 企业外部信息源

企业外部的信息源较多，主要有以下几种。

1）与企业管理、经营、决策等工作有关的机构

各级党政机关和业务主管部门，统计、工商、税务、物价等部门，相关行业的管理部门，银行、信息中心、行业协会、学会、研究会等各类社会团体，商业教学、科研机构，经济咨询及预测机构及有关的生产厂商等。

2）各种文献资料

这类商业信息一般是经过加工的、以特定形式提供的系统化信息，如各种统计文献（各种统计报表、手册、统计公报等资料），各种年鉴（全国性或地区性的经济年鉴、统计年鉴），商业辞典、商品目录、企业名录、各种报告（行业和专业信息机构发表的简报、考察调研报告、通讯、综述等），各种期刊书籍及其他文献资料。随着科学技术的发展，目前文献资料的载体除了传统的纸张外，还采用光盘、U 盘、移动硬盘等形式，使信息传递和汇集的速度越来越快。

3）广告和新闻媒体

例如，广播电视、户外广告、邮递广告、电话声讯台等。

4）各类数据库系统

目前全世界有各类信息数据库 4 万多个，我国可以直接查用的约有 2 万个。利用计算机联网可以及时、方便、快捷地得到所需的信息。

5）广泛的社会关系

拥有某方面信息的人也是重要的信息源，如专家、学者、公务员、记者和社区居民等。

（三）连锁经营信息的收集

连锁经营信息是企业进行经营决策、市场开发的基础。现代连锁企业十分重视对连锁信息的广泛收集和不断积累，以求有效、准确地利用商业信息。

1. 连锁经营信息的收集范围

连锁经营信息的收集范围主要包括如下方面。

1）企业内部信息

包括企业自身实力、财务统计、经营管理等方面的信息。

2）市场信息

即反映商业企业同供应厂商、消费者及其他支持方之间关系的信息，包括市场需求、市场供应、市场价格与支持等方面的信息。

3）竞争对手信息

包括竞争对手名单（含潜在竞争对手）、竞争者信息（如竞争对手的战略、策略、实力、计划、动态等）、本企业参与竞争的条件等信息。

4）环境信息

即反映产、供、销及与消费者共处的社会经济、文化背景的信息，包括自然环境、社会环境、政策环境和国际环境等信息。

5）预测信息

包括社会、经济、科技的宏观预测、市场预测、企业发展预测及未来发展机会和风险预测等信息。

6）反馈信息

商业企业的任何商业活动实施之后，都需要收集来自厂家、消费者、社会等各方面的反应，并加以分析。这种反馈信息的准确、及时必然使企业的经营能够主动、得法、有道，也必然使企业在市场竞争中处于有利地位。

2. 连锁经营信息的收集途径

根据前面论述的内容，连锁经营信息的收集途径可以归纳为以下五种。

第一，通过企业本身所建设的计算机信息系统取得。

第二，通过公开的报纸杂志、电视广播、文献资料、图书等大众传播途径取得。

第三，通过行政和业务关系取得，现阶段我国商业企业的经营管理活动仍脱离不了行政系统，因此依靠行政和业务关系是取得商业信息的主要途径。

第四，通过各种有组织的信息网络取得，包括人工信息网，计算机数据库信息网络，有线、无线电信网和 Internet 等。

第五，通过广泛的人际关系取得，商业活动是服务于人的活动，在人与人的交往中是最易收集到有用商业信息的。

（四）连锁经营信息的处理

连锁企业的信息处理就是利用网络、计算机等先进的信息技术对连锁企业进行进销存的管理。在实践中必须建立信息管理系统，门店、配送中心、总部通过因特网技术在信息系统之间通信，对整个连锁企业的资金流、物流、事务流和信息流进行统一管理。

连锁企业的销售一般通过前台的销售点终端（point of sales，POS）系统来完成，POS系统可以记录收银员在当班期间的所有操作（包括收银），并且所有收银信息都可以通过网络传到后台的信息管理系统。而对于进货和库存管理，主要在后台信息管理系统中进行，各个连锁企业都可以根据自己的实际情况建立相应的操作流程，如门店怎样向配送中心订货、进货，门店、配送中心怎样进行盘点等。连锁企业的信息处理，除了应用前台的 POS系统和后台的信息管理系统，可能还要用到电子数据交换、电子订货系统、增值网等。

三、连锁企业信息管理系统

（一）连锁企业总部信息管理

连锁企业总部是经营管理的决策部门，主要负责商品的采购、定价、财务等工作，并通过网络查询及汇总各门店的销售、库存情况及配送中心的库存信息，系统应及时生成各种报表供最高领导层分析，以制订新的经营计划。连锁总部信息管理系统的基本功能表现如下。

1. 基本信息管理

基本信息是系统运行所必需的资料。商品基本信息包括商品信息、类别信息、包装单位信息、仓库信息、供应商信息、大客户信息、币种信息、费用信息等。基本资料功能模块的业务有基本信息录入、物价管理（调价单、报价单、询价单）、条码打印、价签打印、一品多码报表、商品调价报表。

2. 进货管理

进货管理主要用于采购进货业务，主要包括商品询价、供应商合同、采购订单、采购入库、赠送入库、采购退货和供应商费用单等。

3. 批发管理

批发管理主要针对大客户销售、客户关系管理等方面的业务流程，批发业务主要包括商品报价、销售订单、销售出库单、客户退货单和客户积分管理、信用管理等。

4. 库存管理

库存管理业务主要包括商品期初库存设置、货品入/出库验收、仓库调拨、内部报损、内部领用、仓库盘点、安全库存报警、超额库存报警等。

5. 财务管理

财务管理用于管理客户和供应商（客户）之间因业务产生的账款。

6. 卖场管理

卖场管理主要指对营业场所进行的零售业务管理，卖场直接面对零售客户，它的业务范围包括：商品促销管理、会员卡管理、前台 POS 销售、收银员管理、柜台管理、部类管理等。同时及时获得前台营业数据，了解商场走向。

7. 联营管理

联营管理用于对专柜的管理。

8. 经理查询

经理查询是对公司或单位经营过程中所发生的日常业务的汇总和统计，了解商品的销售状况。包括：进销存分析报表、销售排行报表、销售分析报表、毛利分析报表、库存分析报表、商品毛利月报表、商品大类毛利报表、商品中类毛利报表、商品小类毛利报表等。

9. 系统管理

系统管理用于对系统的初始化设置和业务规则的设置、管理人员授权、数据管理、POS机小票设置、系统每日提示等功能。

10. 工资管理

工资管理用于提供员工基本情况、工资录入及工资条打印功能。

（二）连锁企业门店信息管理

连锁门店是整个连锁组织实现利润的直接执行者，它除了要进行日常销售外，还要及时传送相应的信息，使总部能了解实际的销售库存情况，以便做出相应的决策。连锁门店管理信息系统的业务管理流程的操作方法与总部相同，只是在部分业务流程上的权限有区别。

门店在总部授权下可以自行维护和修改自己的商品价格，即实现不同店不同价。门店可以打印本店的价格标签和商品条码，操作步骤和总部一致。

门店在总部授权下可以自行采购入货，与供应商结算付款，但供应商信息必须由总部统一录入和维护，门店没有维护的权限。对于总部直配货，由总部（配送中心）统一进行配送，门店的采购业务流程和操作步骤与总部相同。门店可以查询本店的采购报表和采购数据。

门店在总部授权下，可以处理批发业务，批发的业务流程与操作步骤和总部一致，门店可以查询自己的批发报表和批发数据（大客户信息由总部统一维护）。

门店的库存管理业务与总部大致相同，门店的盘点，可以自行盘点，同时总部也可以代门店进行盘点。

注意：总部代门店盘点，需指定仓库即门店进行盘点。盘点时除了必须遵守总部盘点的业务流程以外，门店还得完成 POS 数据日结和数据传输，总部也需完成 POS 日结。

确保完成以上操作后，门店方能进行盘点，手工盘点时，不得有任何进出库的操作，否则会造成分部库存数据不准。

门店可以通过要货单向总部进行要货。该要货单传到总部将可以自动生成要货汇总报表（包括其他的连锁分店），总部根据各个门店要货汇总状况进行统一配货。

门店的财务管理功能和操作方法与总部相同，门店在总部授权下自行维护门店的应收和应付账款。门店采购和批发形成的应收和应付数据，也可以传回总部，由总部统一结算。

门店可以自行制定促销政策，总店也可以代门店进行促销管理，在总部为门店制定时，需要指定门店的仓库才可以生效，制作促销的特价单。门店只可为本店制作单据，不可以为其他门店或总部制定促销政策。

门店的零售管理功能和总部相同，操作方法与总部一致，但是门店增加的收银员、营业员、柜台的代码不可以和总部重复，否则将造成门店传回总部的数据出错或数据根本无法传输。门店可以使用条码秤进行称重销售。

注意：门店数据上传之前，先做好 POS 日结，总部接收到门店数据，需要先做 POS 日结，才可以查看到门店的经营状况，可以查看各个门店的库存数据，各个门店销售数据以及销售金额，以及各个门店的销售毛利状况。

（三）连锁企业配送中心信息管理

配送中心管理信息系统是以商品的物流管理为对象，以商品的到货、验货、库存、配货、出库为管理内容的管理信息系统，应具备如下功能。

1. 入库管理功能

总部进货部应可将由进货单自动生成的入库单、由销售退回单自动生成的入库单、各连锁门店的退货单传入配送中心，配送中心在验货后将其审核确认。

2. 出库管理功能

总部销售部应可将由销售单自动生成的出库单传入配送中心，配送中心在验货后将其审核确认；总部进货部应可将由进货退回单自动生成的出库单传入配送中心，配送中心在验货后将其审核确认；总部传入的各连锁门店的配货单，配送中心在验货后将其审核确认。

3. 盘点管理功能

包括盘点单的生成、打印、盘点数量的录入、盘点单的查询等工作。

4. 其他功能

第一，报损报残管理应包括报损报残商品的录入、查询功能。

第二，报警管理应包括库存商品上、下限的报警功能，含保质期的报警。

第三，库存管理应包括货位的维护，可随时查询库存商品中的商品编码、名称、单位、库存单价、零售单价、库存数量、库存金额、售价金额、最高库存、最低库存、累入数量、累入金额、累出数量、累出金额、生产日期、有效期等。

第四，调拨管理应包括商品在不同货位间的调拨管理。

第五，条码打印管理应包括将本系统的自编商品条码转入条码打印机所自带的数据库，以便方便地打印条码。

第六，查询管理应包括通过系统提供的万能查询器查询任意信息，如某一商品的入/出库信息，某一段时间内所有的入/出库明细、库存商品占压资金情况分析表等。

第七，数据传送管理应包括接受总部传送的商品变动信息，如新增商品、商品价格调整等，以及商品进货、批发销售、商品配送及门店的退货信息等；向总部上传信息，如进货入库验货信息、销售出库验货信息、库存商品盘点情况、报损情况和向各门店的配货、退货情况及配送中心发现商品积压或损坏时要求的退货单。

视野拓展

信息化推动虚拟和实体门店融合

南京新街口汇集了众多零售巨头，号称中华第一商圈。金鹰正是在这里诞生、成长、壮大并登陆香港股市，成为集团化商业企业的。目前，金鹰已拥有二十多家门店，覆盖上海、江苏、安徽、陕西、云南四省的16座城市。除地域扩张外，金鹰还拓展了包括餐饮、娱乐、美容、美发、影院、幼儿早期教育等不同的经营业态，提升了自身对消费者的吸引力。根据金鹰的计划，未来三年集团的整体营业面积还会再翻番。

金鹰在信息化建设方面始终处于行业领先的地位，是国内首家采用 SAP 商业解决方案的零售企业。信息化目标是通过商业智慧、精准营销、供应链管理和客户关系管理等手段，改善顾客体验，提高营运效率，增强企业的核心竞争力。现阶段，电子商务已成为金鹰未来发展的新方向。金鹰正在结合自身业务特点和国际企业的先进经验，积极探索进军电子商务的具体业务模式。

目前金鹰 IT 团队大约有 160 人，支持着多种企业应用，包括核心的 SAP 平台、GESOP 应用（前端面对消费者的收银和 POS 系统）、协同办公和供应商管理平台。此外，金鹰还有资金管理系统、手机 App 和电子商务应用。

金鹰与国际百货零售企业的差距并不大，而国内的电商企业，在发展上甚至超过了国外企业。这包括淘宝、京东这些大平台，还有很多垂直电商、企业电商和细分领域的电商。美国的梅西百货做了很多消费者行为分析方面的应用，光是为它做数据分析的外包团队就有 70 多人。

零售业直接面对消费者，竞争非常激烈，每个企业都不一样，不能像制造业一样采购现成的 MRP 和 ERP 来用，信息化比较难。但同时，零售行业的舞台大，可以发挥信息化的威力，指导企业的营销、选址、商品选择和定价等重大决策。传统零售业面临的众多挑战，不能用老的方式去应对，金鹰未来要走电商和门店结合的路线，把所有系统都打通。

（改编自：联商网）

项目小结

本项目讲述了信息管理的概念、信息管理的目标和任务、现代连锁企业、连锁经营的信息源、连锁经营信息的收集和处理。连锁企业总部、门店及配送中心的信息管理功能。

项目训练

一、知识回眸

1. 简述信息管理的概念。
2. 简述连锁经营信息的收集途径。
3. 信息管理的目标和任务有哪些？
4. 现代连锁企业由哪几部分组成？
5. 连锁企业有哪些信息源？

6. 怎样收集连锁经营的信息?

7. 连锁信息管理系统主要处理哪些方面的信息?

二、能力提升

1. 调查周边一家你熟悉的超市,看该超市如何利用信息管理系统来进行进销存管理的。

2. 门店理货员整理了"康师傅红茶",发现存货只有三瓶,决定向配送中心要货,在配货过程中有哪些操作? 要填写哪些单证?

项目二 连锁企业信息管理系统开发

项目目标

知识目标：掌握连锁企业信息管理系统开发的相关概念；
　　　　　了解连锁企业信息管理系统开发的方法。

能力目标：掌握连锁企业信息管理系统开发工程、连锁企业信息管理系统开发的应用。

案例导入

大连西安路商圈6大商场率先启动智慧商场建设

大连市工信局联合区西安路开发办，通过政府引导、市场化运作的方式，日前免费为西安路商圈的罗斯福、福佳、长兴电子城、锦辉、百盛、亿田六家商场安装了无线网络，并提供免费流量、数据分析等服务，在我市率先启动智慧商场建设。

智慧商场主要是指利用云计算、大数据分析、移动互联网等信息技术感知用户的位置，分析用户的行为，并利用多样化的智能终端为用户提供主动、智能化的商场管理、商户服务和顾客提样，从而提升商场服务水平、质量和档次，实现传统商业与新一代信息技术的充分融合，促进商贸业跨越式发展。

据悉，通过打造西安路智慧商城将进一步丰富沙河口区的智慧应用体系，促进该区传统商业地产转型、升级、发展；实现"供应链、采购链、网贸链"三链合一，"信息流、商品流、资金流"三流合一，"网络化、智能化、数字化"三化合一；进一步提升西安路商圈的智慧化水平和商圈核心地位，将西安路商圈打造成为大连市乃至全国智慧化消费中心。

（改编自：天健网）

一、连锁企业信息系统开发方式

在国内外，已有众多的大型连锁经营企业正在准确地利用信息化手段，实现企业发展的战略目标，占领市场份额，扩大与加盟商的合作。如何利用管理信息系统经营企业，已成为连锁企业走向国际化经营的必备法宝。

管理信息系统是先进的科学和现代管理结合的产物，建立以计算机为主要手段的管理信息系统，已经成为现代企业、政府部门等各类组织提高自身素质，实现组织目标的战略措施。管理信息系统建设的道路却非常坎坷，许多已建立的系统带来的效益，远远没有达到预先的承诺和期望。系统建设中消耗巨大、效益难望，或者半途而废，或者使建设单位背上沉重包袱等情况时有发生。

在中国，从大型连锁企业的信息化发展模式上我们可以看到，信息化建设不是一朝一夕的事，它需要系统的运作、长远的规划、大量的资金和特殊人才的综合运用，才能实现企业的管理要求。连锁企业管理信息系统必须充分体现连锁企业的管理制度和思想，并具有很强的可拓展性，能跟随企业管理目标、企业文化的不断进步而进行迅速、完整的升级和改进。

如何正确运用信息化建设实现高速的自我发展和战略目标的实施，真正走上国际化经营的道路，是目前最值得连锁业界思考和探讨的问题之一。

目前，连锁企业管理信息系统的主要开发方式有：由公司内部人员自主开发；在购买成品软件的基础上，进一步开发适合本企业的模块；与软件公司合作开发。

（一）自主开发

自主开发主要适用于有较强管理信息系统设计能力的公司或单位，一般其团队需要由系统分析、程序设计和系统维护等相关人员组成，如有研发能力的中小型连锁企业、高校、研究机构、计算机公司等。自主开发的优点是开发费用较低、维护方便，开发后的管理信息系统能够迅速投入使用。由于其设计思想来自本单位的实际需求，针对性强，因此使用满意度较高。虽然自主开发有着得天独厚的优势，但其也存在一定局限性，由于团队成员普遍不是由专业开发队伍组成，设计思路容易受到限制，一般开发水平不高；而且这些人员可能还有其他业务工作的羁绊，造成开发时间不易控制。在开发成功后，如果出现人员调动，还可能造成系统维护困难等问题。

（二）购买成品软件建设系统平台

1. 购买成品软件的使用权

现今在市场上销售的 MIS 系统或 POS 系统软件，出于对市场占有率的考虑，产品必须满足某一类公共标准，其普遍性带来了市场优势，但也弱化了其本身的针对性、特殊性和可拓展性。由于成品软件本身通用性较强，与企业的实际运营衔接周期较短，即使作一些修改，开发商也会在较短时间内完成。操作人员的培训、模拟运行、相关移交等也会在短期内完成，此方法对中小型连锁企业较为适用。

2. 购买成品软件的源程序

先采用与购买使用权一样的方法，3 个月内让系统投入运作，同时企业自己的技术部门逐渐接管，消化软件源程序，再分期进行改造，直至完全融入企业自身的文化及管理思想，采用此方式的费用通常是购买使用权的 3～5 倍，且系统后期改造需依靠企业自身的技术力量。关于系统软件供应商的选择一般从以下几点出发：成品软件购买后经测试要具有稳定性；操作平台和后台数据要有较好的延展性；系统软件的构建是否与连锁企业的管理思想融合；性价比及对电子商务的支持、售后服务体系是否完备。

（三）合作开发

选择有商业软件开发经验的公司或团体进行合作，连锁企业的管理人员和相应技术人员共同参与，开发出一套适合本企业需要的、融入企业管理思想、具有很强拓展性的连锁企业管理信息系统。合作开发方式适用于有管理系统分析和设计能力的企业和团队，其人员素质要求较高，所以在选择合作开发时要系统考虑合作方的能力以及自身的实力。合作开发的优点很多，主要包括：投入资金少；连锁企业的技术人员在开发中得到锻炼，利于后期系统维护；融入了连锁企业的运营管理思想，有很强的针对性和实用性。存在的问题是在开发过程中容易出现沟通问题，因此需要及时达成共识。这是以较小的投入取得好的开发效果的较好方式。

总之，不同的开发方式各有优劣势，而且系统的开发应具有前瞻性、可塑性，所以，建议在选择开发方式时要认真审视自身的企业现状、战略规划，慎重选择。

二、连锁企业管理信息系统的开发方法

连锁企业管理信息系统的开发方法是关系到系统成败的一项重要因素，它也随着科学技术的进步在不断发展，迄今为止的主流方法是生命周期法和原型法。这些方法是根据当时管理信息系统开发的技术条件不同，基于软件工具的发展而提出的，它们各有优缺点，应该根据企业自身的条件和对信息系统的需求，综合应用。

（一）生命周期法

生命周期法也称结构化系统开发方法，是目前国内外较流行的信息系统开发方法，在系统开发中得到了广泛的应用和推广，尤其在开发复杂的大系统时，显示出无比的优越

性。它也是迄今为止开发方法中应用最普遍、最成熟的一种。

1. 基本思想

将软件工程学和系统工程的理论和方法引入计算机系统的研制开发中，按照用户至上的原则，采用结构化、模块化自顶向下对系统进行分析和设计。具体来说，它将整个信息系统开发过程划分为独立的六个阶段，包括系统分析、程序设计、系统测试、系统运行和系统维护及系统评估。这六个阶段构成信息系统的生命周期。

2. 优缺点

生命周期法的突出优点是强调系统开发过程的整体性和全局性，强调在整体优化的前提下考虑具体的分析设计问题，即自顶向下的观点。它从时间角度把软件开发和维护分解为若干阶段，每个阶段有各自相对独立的任务和目标。降低了系统开发的复杂性，提高了可操作性。另外，每个阶段都对该阶段的成果进行严格的审批，发现问题及时反馈和纠正，保证了软件质量，特别是提高了软件的可维护性。实践证明生命周期法大大提高了软件开发的成功率。

但是，生命周期法开发周期较长，因为开发顺序是线性的，各个阶段的工作不能同时进行，前阶段所犯的错误必然带入后一阶段，而且是越是前面犯的错误对后面的工作的影响越大，更正错误所花的工作量就越大。而且，在功能经常要变化的情况下，难以适应变化要求，不支持反复开发。

（二）原型法

原型法是指在获取一组基本的需求定义后，利用高级软件工具可视化的开发环境，快速地建立一个目标系统的最初版本，并把它交给用户试用、补充和修改，再进行新的版本开发。反复进行这个过程，直到得出系统的"精确解"，即用户满意为止。

原型法的基本思想是在投入大量的人力、物力之前，在限定的时间内，用最经济的方法开发出一个可实际运行的系统模型，用户在运行使用整个原型的基础上，通过对其评价，提出改进意见，对原型进行修改，统一使用，评价过程反复进行，使原型逐步完善，直到完全满足用户的需求为止。

三、连锁企业信息系统的分析与设计

连锁企业信息系统的开发过程是一种有计划的组织变动，系统的开发者必须清楚地知道新系统将如何作用于整体的组织，因此在系统开发之前，一般成立某种有效的机构来管理信息系统的开发，我们称为企业信息化领导小组。企业信息化领导小组应由企业、部门的主要决策者负责，选择本单位各部门的业务骨干参与，他们熟悉企业的业务情况，能够保证新系统适合本企业的发展需求。

企业信息化领导小组的下一层次是项目组，项目组成员包括系统分析员、功能分析员、应用程序员、数据库专家等，负责集体项目的运行和管理。

（一）系统调查

开发连锁企业信息管理系统要在充分调查企业环境的情况下，通过问题识别、可行性分析，详细调查、制作信息系统的开发计划等使项目组充分了解商业企业的需求。

开发系统的可行性包括管理上的、技术上的、经济上的可行性。管理上的可行性是指中、高层人员是否支持项目，管理方法是否科学，相应管理制度改革的时机是否成熟，规章制度是否齐全及原始数据是否正确等。技术上的可行性是指企业的软硬件是否满足信息系统的要求，开发人员是否有足够的能力构造一个系统。经济上的可行性主要是指预估费用支出和对项目的经济效益进行评价。

对商业企业详细调查包括组织结构调查、管理功能调查和管理业务流程调查。组织结构调查是指一个连锁企业的部门组成，以及这些部门之间的隶属关系、决策内容、存在问题及对系统的要求等。管理功能调查指的是深入各管理部门了解各部门的工作职能，对某一模块信息系统的要求等。管理业务流程调查指的是厘清系统内各单位、人员之间业务关系、作业顺序和管理信息流向的图表。

完成企业实际调查后，就要制订项目开发计划，主要包括信息系统开发的方向、开发的任务、项目中的发展阶段、每一阶段的持续时间、财务预算、资源分配等。

（二）系统分析

企业的调查阶段完成后就进入系统分析阶段。根据前一阶段对企业的初步了解，开始对企业的需求进行分析，在功能分析和划分子系统的基础上，提出相应的逻辑结构设计，确定新系统的运行环境。

1. 系统分析的主要任务

系统分析是在总体规划的指导下，对系统进行深入详细的调查研究，确定新系统逻辑模型的过程。系统分析的主要任务是定义或制定新系统应该"做什么"的问题。

1）了解用户需求

详细了解每个业务活动的工作流程及信息处理流程，理解用户对信息系统的需求，包括对系统功能、性能等方面的需求，对硬件配置、开发周期、开发方式等方面的意向及打算，最终以需求说明书的形式将系统需求定义下来。此部分工作是系统分析的核心。

2）确定系统逻辑模型，形成系统分析报告

在详细调查的基础上，运用各类系统开发的理论、开发方法和开发技术，确定系统应具有的逻辑功能，再用一系列图表和文字表示出来，形成系统的逻辑模型，为下一步系统设计提供依据。

2. 系统分析的一般步骤

1）现行系统的详细调查

集中时间和人力，对现行系统做全面、充分和详细的调查，弄清现行系统的边界、组织机构、人员分工、业务流程、各种计划、单据和报表的格式、种类及处理过程、企业资源及约束情况等，为系统开发做好原始资料的准备工作。

2）组织结构与业务流程分析

在详细调查的基础上，用图表和文字对现行系统进行描述，详细了解各级组织的职能和有关人员的工作职责、决策内容对新系统的要求，业务流程各环节的来龙去脉。

3）系统数据流程分析

分析数据的流动、传递、处理与存储过程。

4）建立新系统的逻辑模型

在系统调查和系统分析的基础上建立新系统逻辑模型，用一组图表工具表达和描述，方便用户和分析人员对系统提出改进意见。

5）提出系统分析报告

对系统分析阶段的工作进行总结并提交相应的文字报告，为下一步系统设计提供工作依据。在运用上述步骤和方法进行系统分析时，调查研究将贯穿于系统分析的全过程。调查与分析经常交替进行，系统分析深入的程度将是影响管理系统成败的关键问题。

3. 详细调查

与系统规划阶段的现状调查和可行性分析相比，详细调查的特点是目标更加明确，范围更加集中，在了解情况和数据收集方面进行的工作更为广泛深入，对许多问题都要进行透彻的了解和研究。

1）详细调查的原则

（1）真实性。所谓真实性是指系统调查资料真实、准确地反映现行系统状况，不依照调查者的意愿而真实反映系统的优点或不足。

（2）全面性。任何系统都是由许多子系统有机地结合在一起而实现的。

（3）规范性。有一套循序渐进、逐层深入的调查步骤和层次分明、通俗易懂的规范化逻辑模型描述方法。

（4）启发性。需要调查人员的逐步引导，不断启发，尤其在考虑计算机处理的特殊性而进行的专门调查中，更应该善于按使用者能够理解的方式提出问题，打开使用者的思路。

2）详细调查的内容

系统的定性调查。定性调查主要是对现有系统的功能进行总结，包括组织结构的调查、管理功能的调查、工作流程的调查、处理特点的调查与系统运行的调查等。

系统的定量调查。定量调查的目的是弄清数据流量的大小、时间分布、发生频率，掌握系统的信息特征，据此确定系统规模，估计系统建设工作量，为下一阶段的系统设计提供科学依据。

3）详细调查的方法

调查的方法多种多样，经常使用的方法如下。

（1）问卷调查法。可以用来调查系统普遍性的问题。由初步调查结果可得到组织的基本情况。

（2）召开调查会。这是一种集中调查的方法，适合于了解宏观情况。

（3）开发人员直接参加业务实践。开发人员亲自参加业务实践，不仅可以获得第一手资料，而且便于开发人员和业务人员的交流，使系统的开发工作接近用户，用户更了解新系统。

（4）查阅企业的有关资料。

（5）个别访问。某些特殊问题或细节的调查，可对有关的业务人员作专题访问，仔细了解每一步骤、方法等细节。

其他还有专家调查等方法。可以根据系统调查的具体需要确定调查方法。

总的原则是以了解清楚现状为最终目标。

4. 系统分析的成果与文档内容

系统分析阶段的成果就是系统分析报告，它反映了这一阶段调查分析的全部情况，是下一步设计与实现系统的基础。

系统分析报告形成后必须组织各方面的人员（包括组织的领导、管理人员、专业技术人员、系统分析人员等）一起对已经形成的逻辑方案进行论证，尽可能地发现其中的问题、误解和疏漏。对于问题、疏漏要及时纠正，对于有争论的问题要重新核实当初的原始调查资料或进一步地深入调查研究，对于重大的问题甚至可能需要调整或修改系统目标，重新进行系统分析。

（三）系统设计

系统设计在系统分析的基础上，根据系统分析阶段所提出的主要功能要求，结合实际的设计条件，详细地确定新系统的结构，为系统实施阶段做必要的技术资料和有关文件的准备。

系统设计阶段主要是解决"怎么做"的问题，分为总体设计和详细设计两步。

1. 总体设计

根据系统分析报告确定的系统目标、系统功能和逻辑模型为系统设计一个基础构架，从总体上解决在计算机系统中如何实现的问题。其具体内容包括：确定系统的输入、输出方式、内容及介质；确定数据的发生、采集、介质和格式形式；根据系统的规模、数据量、性能要求和技术条件等，确定数据的组织和存储形式及介质；对新系统进行划分，按功能划分子系统、明确各子系统的目标和功能；按层次结构划分功能模块，画出系统结构图、模块程序流程图，选择计算机系统的硬件和软件等。

2. 详细设计

在总体设计的基础上，对系统的各个组成部分进行详细的、具体的物理设计。具体内容包括：修改系统结构图、模块程序流程图，进行编码、代码、输入、输出设计，数据存储设计、处理过程设计、编制程序设计及说明书设计等。

（四）系统实施阶段

系统实施阶段，就是把物理设计转化成能实际运行的计算机管理信息系统。

1. 程序编制

根据系统结构图、程序流程图、功能模块设计说明书，进行具体的程序编制。

2. 设备安装和软、硬件调试

根据系统设计提出的设备配置方案，购置计算机系统、进行机房设计施工、网络布线、计算机系统及各种设备的安装和调试。在软件试运行过程中，根据发现的问题和用户的实际要求不断地进行程序修改和功能增补，还需要人工与系统并行以检验计算机系统的稳定性和正确性。

3. 系统转换

软件系统在经试运行全面达到系统功能目标之后，新系统即可全面投入使用。

（五）系统评价与维护阶段

系统在经过一段时间的实际现场运行，即功能、稳定性、可靠性等均达到系统设计目标之后，就需要对其运行情况进行测试和评估。

1. 系统性能评价

系统性能评价是指评价新系统是否达到确定的系统目标和各种功能要求，评价新系统的各种性能指标情况，评价用户及管理人员对系统的满意程度等。

2. 经济效果评价

经济效果评价是指对开发费用和运行费用进行评价，进行投资回收期估算，系统综合经济效益的评价等。

为使系统保持最佳的运行状态，延长其使用寿命，必须经常维护。主要包括程序维护、数据维护、代码维护和硬件维护等。

视野拓展

苏宁引进汉朔电子价签系统，实现双线同价

2014年5月，苏宁先后为旗下北京、南京等地多家门店导入了电子价签系统，帮助其

实现线上线下双线同价的新商业模式。记者在苏宁北京某店看到，7 000 多款商品的价格展示区都换上了电子价签。"电子商务的强劲发展正在改变消费者的购物方式，苏宁希望通过线上线下的协同作战来提高消费者的购物体验。但要实现线上线下价格同步更新，需要应用创新来帮忙。"据了解，去年苏宁宣布实施双线同价时总共换了 3 000 多万个价签，历时 3 天 3 夜，耗费了巨大的人力和物力，而且价签更换过程中产生的错价率非常高。

在评估了可供选择的方案以后，苏宁最终选择了汉朔科技基于商业智能理念的，特别为苏宁设计的电子价签解决方案，从而为其实现线上、线下商品同时进行灵活多样的定价策略。

随着市场竞争的日益激烈，零售商们的促销频率也在"提速"，直接的体现就是商品价格的频繁变化。为保证线上线下价格同步，苏宁集团一直采取总部统一变更价格的管理流程。

过去，苏宁采用人工更换纸价签，整个变价流程包括价格信息审批、价签打印、人工裁切价签、员工更换价签。苏宁的促销活动非常频繁。每次促销，员工都要排队打印价签，完成一个变价流程大约几个小时，甚至一整天。对于需要迅速做出"变价响应"来应对竞争的商品而言，烦琐的变价流程将导致促销时机的错失，为企业带来直接利润损失。现在通过汉朔的电子价签解决方案，店内的商品跟线上的商品同时实现了变价，准确率超过99.9%，电子价签有效解决了双线实时同价面临的挑战，并将店员从人工更换价签的工作中解脱出来，让他们去从事他们真正擅长的工作：销售商品。

举个例子，商家准备搞一个电脑节促销活动，并在事先宣布所有产品均是同城最低价销售，活动当天却发现隔壁门店正在销售的某款同类产品售价更低，想象一下商家应用电子价签系统后会如何运作呢？首先，总部的工作人员会在第一时间收到店员的反馈，并迅速报告给相关负责人，制定应对策略。随后总部工作人员直接登录在线平台软件变更商品价格，迅速实现线上线下双线同价。不出意外的话，五分钟内就搞定所有步骤。

快速的变价通道，使商家得以灵活地制定价格策略，如绑定销售、会员折扣、限时特惠，从而达成更多的消费契机。在零售行业，货架上一枚枚小小的电子价签正在进化成为智能零售体系的终端，成为打通线上线下购物渠道的桥梁。

（改编自：联商网）

项 目 小 结

连锁企业管理信息系统开发方式主要有购买成品软件方式、自主开发方式、合作开发方式。

项目训练

一、知识回眸

（一）名词解释
1. 生命周期法
2. 原型法

（二）简答
1. 连锁企业管理信息系统的开发方法有哪些？
2. 连锁企业管理信息系统设计包含哪些内容？
3. 比较原型法和生命周期法的优缺点。

二、能力提升

学生每三人一组，组成模拟设计团队。轮流扮演系统开发人员的角色，谈谈在开发目标、设计步骤及相互配合等方面有何不同。

模块二

连锁企业前后台管理

项目一　连锁企业前台销售及管理

学习目标

知识目标： 了解前台系统的基本功能和操作过程，熟悉收银员的工作规范。

能力目标： 能进行前台 POS 系统基本操作，能进行前台 POS 系统管理。

案例导入

移动信息化应用

美宜佳作为中国本土便利店的典范，目前已经超过 5 000 家门店，多年来致力于创新业务模式，成绩斐然。当前美宜佳针对顾客、门店、总部、物流四个群体在移动应用上的应用点如下。

1. 顾客

顾客是和门店结合最紧密的，他们的主要业务动作就是购物。将移动应用结合上去的具体应用有以下几个方面。

1）DM 海报信息推广

通过手机 App 可以了解到美宜佳的 DM 海报信息。门店可以推送促销信息或店内活动到周边用户 App 上，顾客也可以通过 App 了解周边美宜佳门店的最新促销信息。

2）SNS 社交群

可以利用 LBS（location based services）了解到周边有哪些美宜佳会员，形成以美宜佳会员为身份载体的社交群。可以组织活动、团购等，或者跟门店做互动交流。

3）预购

可以用手机浏览商品下单、也可以微信语音下单。语音下单等同于给门店留言叫外卖，没有占线的烦恼。门店根据留言及客户信息进行打包并回复顾客。

4）签到活动

签到活动是为了保持顾客对移动应用的热度，形成浏览习惯，建立顾客的忠诚度。签到可以得到一定的积分，用来特价购买优惠商品，或参加抽奖等。

5）优惠券派发

门店可以通过手机 App 给会员派发优惠券，如抵扣券、商品特价购买券、折扣券等，可以联合周边商家一起进行，集中在门店进行取券验证。

6）社区信息的推送

社区新闻、便民服务的信息推送可以给周边顾客用户提供便利，成为社区新闻发布平台。

2. 门店

门店有三方面需求：一是和顾客的营销互动，二是和总部的信息反馈，三是对物流的交接。因此移动应用可以体现这三方面的功能。

1）信息发布

门店发布本店信息给周边的顾客，类似基于 LBS 的短信群发。有一定顾客群基础的门店也可以在门店提供 Wi-Fi，顾客登录时实现精准广告投放，获得广告投放收益。

2）会员互动

和会员进行通信，沟通顾客购买需求和售后问题。

3）总部信息接收

总部的公告信息接收、安排任务接收、反馈信息回复、重点报表数据查询（如应收款等）。

4）物流交接

物流单据进度跟踪、物流收货交接、物流差异申诉、特殊送货预约（批发客户、团购商品等）。

3. 总部

总部是服务门店的庞大运作机构。他们发挥专业性和高效性，服务于海量门店。因此，在专业性工作的服务方面，如何给他们提供更充分的辅助和便捷操作是移动应用考虑的原则。

1）拓展员资料采集分析

拓展员是寻找网点、分析市场形势的一线工作者，移动应用最多。通过手持设备可以帮助实现区域资料采集功能（商圈环境、租金情况、人流情况、消费人群类型等）、区域市场分析功能，将对拓展员更准确地评估测量点和谈判提供帮助。

2）指导员信息辅助

指导员巡店比较多，可以用手持设备实现对门店的数据分析、形象监督、陈列调整、退货管理及巡店日志记录等。帮助指导员形成标准完善的工作内容，给门店统一高质高效的服务。

3）系统管理员监控提醒

用 App 可以采用信息推送的方式，将监控结果通过 App 实时推送到系统管理员手机上，可以减少总部成本，也非常便利。

4）其他员工工作流

在无电脑的移动办公环境下就可以通过 App 来实现工作流的传递（如申请审批、任务传达等），主动提醒节点业务操作人员及时处理流程，使流程执行更快速顺畅。

5）市调工作

市调工作可以将市调的内容通过 App 下载，市调人员对市调对象直接用 App 进行扫码输入，快速准确。能实时进行已有数据的比对，更加直观。

4. 物流

物流主要负责对门店商品的运输交接服务。移动应用对物流人员和门店及后方的信息传递有较大的帮助。

1）路线管理

结合电子狗、路线数据优化等，可以使物流运输人员用最快的速度将货物送抵门店。

2）门店货物交接

物流货物到店的清点、收货确认等工作可以用手持设备实现，实时拍照上传现场差异证据，协助物流人员快速定位问题。

3）物流人员沟通交流

通过 App 可以让物流运输队伍和后方实时进行信息传递，如文字或语音。及时处理运输途中出现的问题，并进行登记，方便和指导员进行联系和协调，减少物流、门店、管理队伍的沟通成本。

一、前台管理概述

（一）前台系统概念

目前，我国连锁企业信息管理并不要求实现商业企业管理的所有方面。一般认为，能解决进销存过程中存在的主要问题，具有实时销售管理系统的计算机管理系统，就可称为商业自动化管理系统，其基本构成有两部分：POS 系统和 MIS 系统。POS 系统是前台管理系统，MIS 系统是后台管理系统。

POS（point of sales）系统，即销售点系统，或前台系统，是指在商业经营场所，通过收银员在收银机上的实际操作，将商品卖给顾客，为商业企业实现销售额的过程。从计算机的角度讲，是完成销售终端的数据采集与处理，通过特定的方式将数据信息传送到系统的服务器数据库中。在整个的前台系统管理过程中，除了大量的直接销售工作外，还有部分非直接销售的业务内容，如前台零售退货、作废、挂账、优惠销售、前台盘点等，从而构成了一套以前台销售业务为主、其他业务为辅的前台系统。

（二）不同业态前台管理的比较

业态是商业模式，是零售店向确定的顾客群提供确定的商品和服务的具体形态，是零售活动的具体形式。所谓商业业态，是指针对特定消费者的特定需要，按照一定的战略目标，有选择地运用商品经营结构、店铺位置、店铺规模、店铺形态、价格政策、销售方式、销售服务等经营手段，提供销售和服务的类型化经营形态。业态是以行业的经营形态来区分的，如超级市场、购物中心、便利店、仓储商场、百货店、专卖店和卖场等多种业态。

不同商业业态的商业企业，一般具有不同的物流模型和业务流程，体现在前台管理中也有所不同，本书针对商场（百货）、超市和便利店三种业态的前台管理进行比较。

传统的商场（百货）业态一般是采用商场—部门—柜组三级管理模式，若干柜组组合成部门。一定的经销场地内设置一定数量的收银机，一台收银机对应几个柜组的收款。柜组的执行者是营业员，收银台的执行者是收银员。商场里的商品陈列在货柜中，营业员将商品的样品交给顾客看，顾客选定后，营业员开一式几联的销售小票交顾客到统一的收银台付款，顾客凭收银后的小票回到柜台取货。在这种模式下，收银员没有定价权，只能按照收银小票上的价格进行录入和收银，定价权在营业员。绩效评价的对象是以柜组为单位，有可能出现不同的柜组对同一商品给出不同的价格的现象。

在超市经营模式下，无部门和柜组概念。超市货架对顾客开放，顾客将选好的商品直接拿到收银台付款。店面中有流动营业员帮助顾客解决疑难问题，但不参与零售过程的具体操作。商品价格严格统一，收银员通过识读商品的代码进行销售，通常是在出口处统一设若干台收银机，集中收款，并以此考核收银员。因此，超市对商品的条码化率的要求比商场要高，对前台现金的管理更严密，经常设有专门的管理部门。

便利店近年来发展势头强劲，是目前仅次于大卖场的热点业态。通常位于居民住宅区、学校及客流量大的繁华地区，营业面积在 $50\sim200\ m^2$，营业时间为 $18\sim24$ 小时，经营服务辐射半径 $500\ m$ 左右，经营品种多为食品、饮料，以即时消费、小容量、应急性商品为主，80%的顾客是目的性购买。与超市相比，便利店的卖场面积小，商品种类少，而且商品陈列简单明了，货架比超市的要低，使顾客能在最短的时间内找到所需的商品。便利店交易频繁，且营业时间较长，一般实行进出口同一的服务台收款方式，所以要求门店的前台操作简单快捷，管理功能精而实用，能够完成日常配货的接收工作。

视野拓展

做零售不能不知的超市趣味数据！

最热门的商品是什么？

以销售数量统计，2013 年，其超市销售最热商品前十名分别为蔬菜、水果、肉类、鱼类、饮料、零食、日化用品、服装、卫生用品、食用油。

蔬菜高居榜首要归功于家庭主妇。和去年相比，服装的排名提升了一位，这多少有些出乎意料，不过也反映了一些人的真实感受：亲眼所见的质量往往比网上低廉的价格更能打动人。

最忙时段：18:00—20:00

超市行业一天有两个最繁忙时段，清晨和傍晚。在马鞍山家乐福、大润发等连锁超市，每天从早晨 8:00—9:30 会迎来一天中约 20% 的顾客，其中近 9 成是中老年人。他们进超市后，往往直奔目标——清晨最新鲜的蔬菜、鲜肉和鸡蛋。

50% 的顾客会选择 18:00—20:00 这个时段进店购物，其中大部分是忙碌了一天的上班族，也有相当部分家庭会选择在饭后以逛超市作为散步方式，这个时间，手推车上坐孩子的场景最多。

最忙碌岗位：收银员

超市收银一直是最繁忙的岗位。以家乐福超市为例，平均每个收银岗位每天接待顾客约 450 位，遇到国庆节、春节等节假日，日平均接待顾客最高可接近 1 000 位。不过这里还有微妙差异，两侧的收银柜台往往比中间的人流量少些。急于结账的消费者，不妨试试这个方向。

最"土豪"顾客：一次购物 4 万多元

在 2013 年，除去单位团购以外，马鞍山市约有 10% 的顾客会在一次超市购物中购买超过 500 元的商品，约有 2% 的顾客单次购物消费额超过 2 000 元，最"土豪"的一位个人消费者单次消费额达到 4.3 万元。原来他是购买了全套高档家用电器。

最易被遗忘的角落：超市储物柜

一个小小的方格，可以将随身物品在进店购物前方便保存，可是很多粗心的顾客会在离开卖场时忘记取出。据家乐福等几家大型连锁超市统计，2013 年，每天约有高达 20% 的储物箱会在当天被遗忘开启，约有 8% 的储物箱内寄存物品超过一周无人理会。

（改编自：超市周刊）

二、门店 POS 系统

（一）前台销售系统软件设计原则

无论前台管理系统的硬件配置有何差别，其软件功能均应满足基本销售和管理要求，并应能支持尽可能多的外部设备。一方面要便于收银员的操作与管理，另一方面要提供尽可能多的原始数据，作为后台统计、分析、决策的依据。

POS 和 ECR（electronic cash register）都用于连锁企业的门店前台收款，都称为收银机。

第一代收银机为 ECR 数码式，不支持中文。第二代收银机为 ECR 中英文，支持条码电子秤、网络。第三代收银机为 POS 机（也称为 PC-based ECR），POS 系统以计算机为核心，加前后台软件及各种外设集成一体。不同于二代收银机，三代收银机前台不再有复杂的运算、数据处理功能，大量的设置、查询统计功能均转移到后台，前台更加强调支持多种外部设备、友好的用户界面和操作的便捷性。

前台管理的主要功能是记录商品的销售信息，包括商品的品种、数量、价格和总金额，记录顾客所付金额，计算应该找零，然后统计对整笔交易记录、汇总、打印。POS 系统的基本设计思想和结构如图 2-1 所示，图中虚线部分表示前台系统。

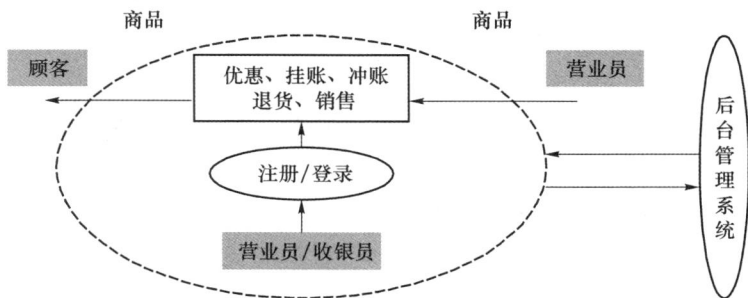

图 2-1　POS 系统的基本设计思想和结构

（二）前台系统的功能及特点

根据所应用的商业业态的不同，前台系统对所要求输入和记录的信息也会有所不同。例如，商场（百货）前台收银时，除了输入收银员代码登录外，还需要输入营业员代码作为查询、统计营业员业绩的依据，此外还需要输入柜组号等信息。而在超市中，没有柜组及营业员信息，只需记录收银员代码即可。

无论哪种业态，一个完整的前台 POS 系统，应该具备系统注册登录、商品销售、零售退货、前台优惠、挂账、打印等一系列功能。下面以泰格收银系统为例，介绍商业信息管理系统中前台 POS 系统的具体功能模块。

1. 收银员登录与注销

收银员在进入前台销售系统之前，必须先要进行收银员登录。要退出前台收银，必须要进行收银员注销。若不注销，任何人都可以用此未注销的收银员号进入系统进行操作，会造成无法控制的严重后果。收银员登录对话框如图 2-2 所示。

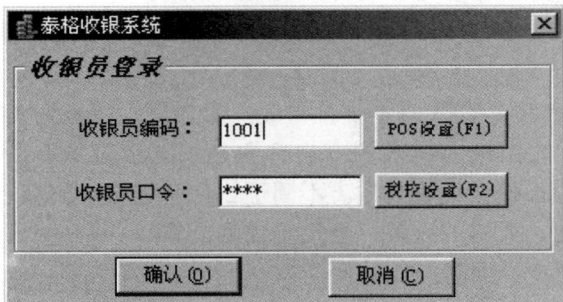

图 2-2　收银员登录对话框

2. 商品销售

收银员登录后进入商品销售界面。通常有两种方式进行商品输入。一种是用扫描枪扫描商品，另一种是手工输入商品条形码后进行操作。

1）扫描枪扫描

扫描商品后买单，按结算功能键，输入付款金额，按人民币或其他币种功能键，找零完成后即可结束交易。

2）手工输入

手工输入的系统操作模式是：商品数量+数量功能键[q] +商品条码+商品条码功能键[Enter]+结算功能键[d] +付款金额+货币类型功能键（人民币为 f）。

例如：购买 2 瓶 56 度的北京二锅头（条码：09010028）和 3 瓶 48 度的高粱白（条码：09010034）。操作如下：

录入二锅头销售记录：2+ [q] +09010028+ [Enter]

录入高粱白销售记录：3+ [q] +09010034+ [Enter]

结算，付款：[d] +付款金额+ [f]，商品销售对话框如图 2-3 所示。

注意：后台系统如果设置成允许输入商品后按数量键修改商品数量，则前台进行销售时可以先输入商品条形码，再输入数量功能键，修改商品数量。

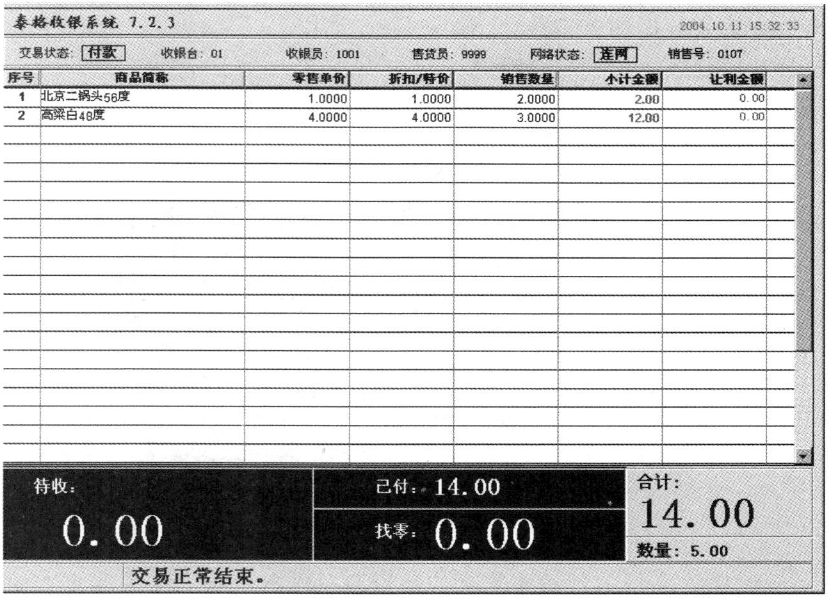

图 2-3　商品销售对话框

　　另外，销售付款不能小于交易金额。若小于交易金额，系统会等待，直至金额全部付清。有时，顾客可能会用多种付款方式付款。比如，顾客在付款时，一部分用支票支付，其余的采用现金方式支付。对于每种付款类型，应键入付款类型及其金额并选择适当的付款键（人民币、港币或美元）。然后重复此操作，直到付清应付的所有金额。

　　3. 优惠销售

　　泰格收银系统为用户提供了丰富的优惠销售方案，当后台将有关商品的基本资料、商品销售的单据信息、商品柜组销售许可、贵宾卡信息等设定完毕，并通过更新收银机数据库，将这些信息发送给前台后，前台收银就可以进行优惠销售了。

　　作为收银员，泰格收银系统允许其在权限范围内对某项商品进行折扣/折让交易。但只有那些具有折扣权限的收银员才能进行折扣操作。单笔折扣只需在输入商品之后，输入折扣率数值或者直接输入打折后的金额数，再按折扣功能键[o]就可以了。

　　通常，折扣分为单笔打折和整单打折，单笔打折，是针对某个商品进行打折，整单打折让利是针对购买的所有商品进行打折和让利。当对整笔交易进行折扣时，按下列步骤操作。

　　（1）按照现金付款方式中的步骤，录入购买商品。

　　（2）单笔打折则按折扣功能键[o]，如果是整单打折或让利，则要在录完所有商品并按结算功能键[d]后，进入结算状态，按折扣功能键[o]。

（3）按 F1 键录入打折的折扣数。

（4）按 F2 键直接录入让利后金额。

（5）按照现金付款方式中的步骤，完成交易。

让利折扣对话框如图 2-4 所示。

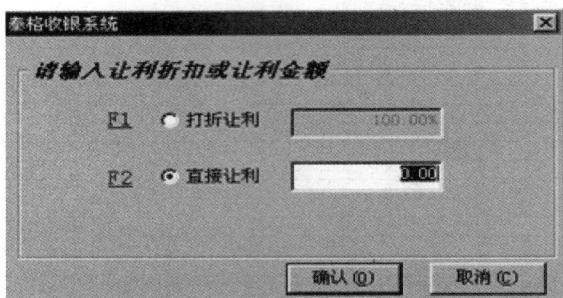

图 2-4 让利折扣对话框

注意：上面的操作流程是针对整笔交易的商品项进行打折。如果其中有的商品项已经打过折或是特价商品，则它们将不会再被列入打折运算，而只对其余的商品项进行打折。特价商品能否再打折可在系统设置中修改设定。

4. 挂单/解挂

在前台收银员销售操作中，有时候由于一些商品无法立即确认或顾客的原因，需要将正在处理的交易暂停下来，以尽快处理下一笔交易，过一段时间再回到该交易继续进行处理。例如，顾客暂时离开收银机付款处回柜台再买些商品，或者换一件商品，而交易还没有进行完毕，这种情况下，就可以进行挂单处理，等顾客回来再进行解挂处理。

1）挂单

挂单是指将当前交易暂停，使之成为休眠状态；当一笔交易没有完成而需要挂起时，按下收银机键盘上的"挂单"键，屏幕上弹出交易挂起窗口，输入挂单号，按回车键确认，则该交易就被挂起。

2）解挂

解挂是指将处于休眠状态的挂起交易唤醒，以便继续进行处理。再次按收银机上的挂单键，输入挂单号，按回车键，调回该笔交易。

本系统可支持的挂单量为 1 000 条。但在实际应用中，并不建议同时挂起多笔交易，否则收银员自己会搞不清楚，同时也会增加作弊的隐患。

5. 退货

实际退货有两种情况：第一种情况，收银员在编辑商品时未进行开票，顾客要求退货，收银员用光标操作直接删除该商品的整条信息即可；第二种情况，收银员已经完成了开票操作，即一笔销售业务的信息已经存到了系统中，这时退货通过调出"退货"操作窗口进行，对于这种退货操作，要求收银员具有相应的权限。若收银员有退货操作权限，可直接执行退货。若没有此权限，会出现高阶授权新窗口，要求具有相应权限的收银员输入其代码和口令帮助您完成退货交易。

6. 作废/取消

通常，在输入数据时若出错，只要未按任何功能键之前，均可通过键盘上的[Backspace]键（后退键）或者 [Esc] 键来校正。

如果在销售期间出错或直到输入其他商品之后才发现错误，可取消或作废出错的商品信息。只要没有按结算功能键[d]，就可以使用作废键[i]或取消键[u]来校正此类错误。

7. 前台盘点

系统支持用户使用多种盘点数据的输入方式。通常采用在后台打印出空白盘点单，由盘点员持空白盘点单对相应的商品实地清点并填写空白盘点单，然后由手工输单的方式将空白盘点单的数据输入系统中进行系统盘点，实际应用中为了输入盘点数据方便，可以利用前台收银机的各种扫描设备来辅助盘点，即"前台盘点"。前台盘点的实质就是将要盘点的商品信息像销售商品一样手工输入或者用条码扫描器扫入收银机中，作为后台盘点的数据来源。前台盘点如图 2-5 所示。

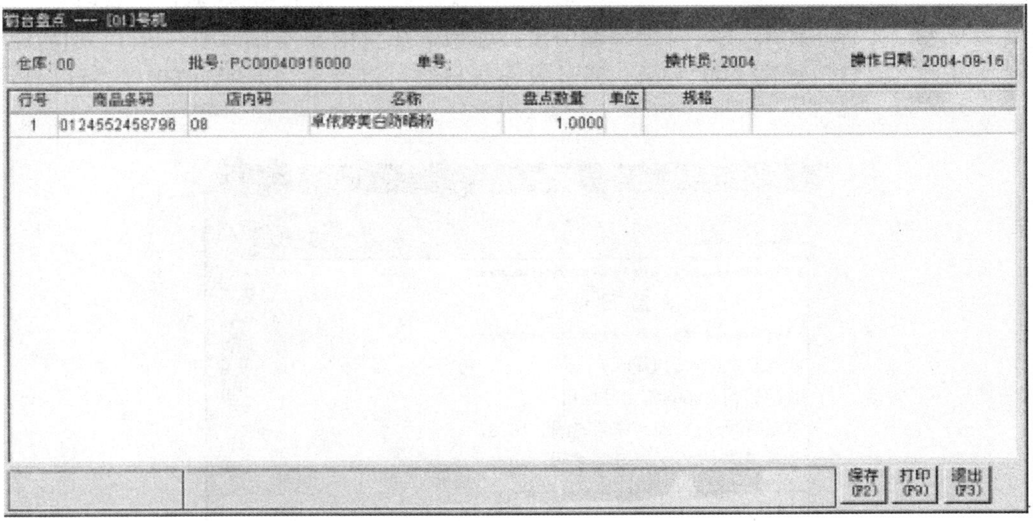

图 2-5　前台盘点

8. 其他功能

除上面介绍的商品销售、优惠销售、挂单/解挂、退货、作废/取消、前台盘点等功能外，前台系统还有查询交易/重新打印小票、前台销售日结等功能。

1）查询交易/重新打印小票

可以用于查询某些特定小票的原始交易情况和重新打印该张小票。按查询交易功能键
[b]弹出图2–6所示的对话框。

输入 12 位小票交易号，然后按[确认]按钮。完成查询和打印。小票号的数字格式为
POS 机号 + 日期 + 流水号，按 F2 键可以重新打印该小票。

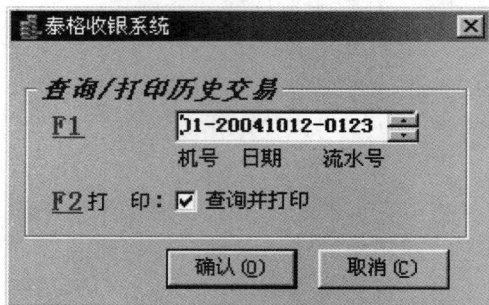

图 2–6　查询交易/重新打印小票

2）前台销售日结

销售日结功能用于收银员在每天营业结束时使用此功能进行 POS 机日销售统计，验证
有无"欠款"或"超款"，还可将结果输出至打印机。在收银操作窗口中，按[日结]功能键，
进入"日结"窗口，如图2–7所示。通过收银员日结可以查看当天所有交易，可以显示当
天交易的收银金额总数。

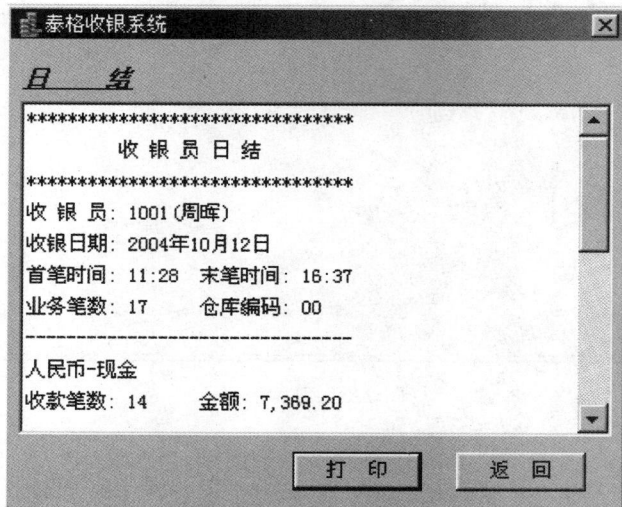

图 2–7　收银员日结

（三）网络连接

系统中的前台收银子系统由于采用了先进的多线程技术，从而使前台的收银操作人员无须关心收银机的网络状态，也就是说，无论整个网络是否正常，只要收银机有电，就能进行正常营业。网络连通时，前台 POS 收银系统会将网络中断时期未送至网络的数据自动发送到网络上。所以，收银机一定要配备不间断供电系统（uninterruptible power system，UPS），如果停电，UPS 能保证收银机正常使用一定时间，从而将运行的数据保存在本地数据库中。

系统前台对联网状态会有提示，如果是"联网"，表明现在网络处于连接状态；如果是"断网"，表明现在网络处于断开状态。

（四）外部设备

一套好的应用软件应该能支持多种品牌和型号的硬件设备。常用的外部设备有键盘、打印机、顾客显示牌、钱箱、条码扫描仪等，如图 2-8 所示。

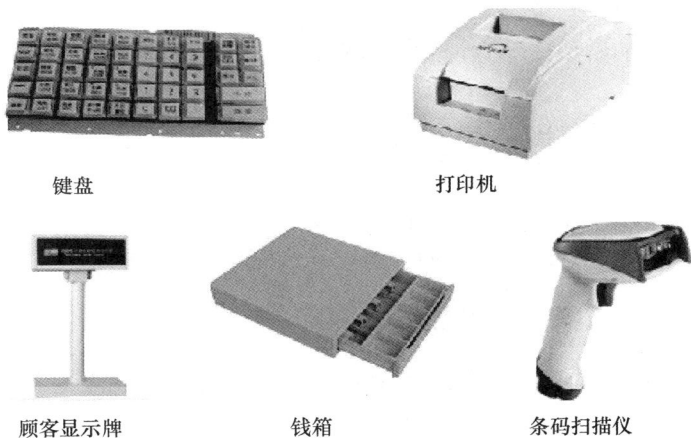

键盘　　　　　　　　　　　　打印机

顾客显示牌　　　　　　钱箱　　　　　　条码扫描仪

图 2-8　系统外部设备

1. 键盘

系统支持的收银机键盘一般有很多种，其中包括两大类键：一类是功能键，另一类是用户自定义的商品热键。

2. 打印机

系统的前台打印机主要用于两个方面：打印前台统计报表和打印收银小票。其中，收银小票打印分为两种方式：逐条打印和一起打印，有关设置可以在后台系统管理模块打印格式选项中进行。所谓"逐条打印",表示每输入一条商品时,系统立即打印一条相应的信息,比较适用于超市,速度快,有利于提高收银速度。"一起打印"则是当一笔交易完成后,才开始打印收银小票,这种方式比较适用于商场环境,打印质量较好,不会因为交易的修正导致收银小票中出现修正信息。

3. 顾客显示牌

顾客显示牌用于向顾客显示交易信息,包括每个交易明细的单价、数量、金额及整笔交易合计金额,应收金额、找零等信息,但实际情况可能会根据设备的显示能力不同,仅显示部分信息。

4. 钱箱

系统提供了对钱箱的控制,当一笔交易结束,按下现金键时,系统将会自动弹出钱箱,直到钱箱被关上后才允许进行下一笔交易。如需要意外打开钱箱时,如放备用金或取出营业款时,只需按下钱箱键(有相应的权限控制),钱箱即被打开,此时注意屏幕上出现一个专门为清点钱款设计的计算器,钱箱关闭后,该窗口也会自动关闭。

5. 条码扫描仪

条码扫描仪是商场中一款非常实用的条形码扫描设备。通过对商品条形码进行简单的扫描,就能从系统中非常便捷地查询到该商品的价格和相关信息。

三、前台信息管理

前台 POS 机上的商品信息都来自后台的信息管理系统,POS 机销售的数据也会通过网络传送给后台的信息管理系统,后台的信息管理系统要对前台的销售信息进行管理。

(一)前台 POS 机统一参数设置

在泰格后台系统管理模块中可对前台所有 POS 机进行统一设置,如图 2-9 所示。单台 POS 机的外设、功能键及税控设置则在前台 POS 机上单独设置。

在前台 POS 设置中可以对前台销售的商品默认仓库、能否外币找零、储值卡是否需用密码、已让利商品能否再次打折、小票的其他默认格式及打印格式选项进行设置。

注意:如设置允许外币找零选项,则在 POS 前台收银找零时,会跳出界面选择付款币种。例如可以生成付款用港币,找零也用港币的模式。

(二)单台 POS 机的前台 POS 设置

在进行泰格前台 POS 销售之前,先要完成每台 POS 机的前台 POS 设置。进入泰格 POS 销售前台收银员登录窗口,如图 2-10 所示。

图 2-9　前台 POS 机参数设置

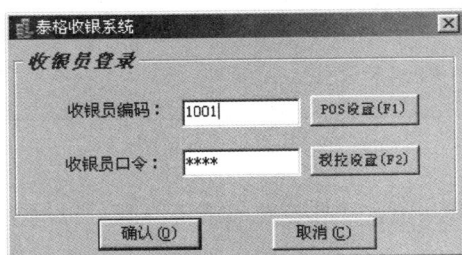

图 2-10　收银员登录

录入收银员编码和收银员口令，单击 POS设置(F1)，进入系统前台 POS 设置。POS 收银系统应用设置内容包括：键盘设置、POS 机设置、其他普通设置、日志管理。应用设置如图 2-11 所示。

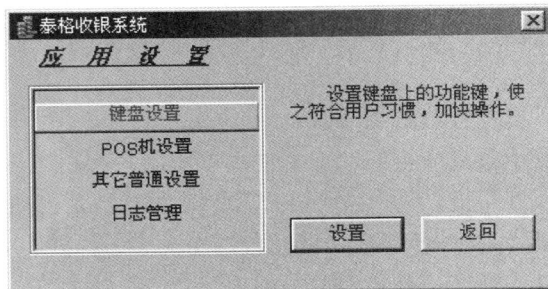

图 2-11　泰格收银系统应用设置

1. 键盘设置

键盘设置可用于对键盘功能键进行定义，以方便用户使用。系统默认键盘设置如图 2-12 所示。

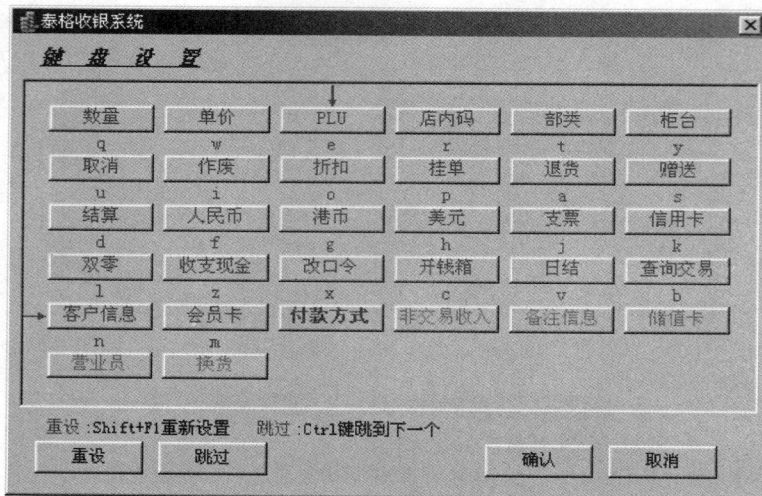

图 2-12　键盘设置

如果需要重新设置各键功能，单击[重设]按钮，就可以清空全部键的功能，然后在功能下输入新的按键即可。如果用不到某个键，或者不需要重新定义某个键，可按[跳过]按钮，跳过对该键的设置。需要注意的是，功能键的定义必须唯一，不能重复。例如，当[q]键已定义为"数量"，若想将[q]键再次定义为"单价"时，系统将拒绝接受定义，并给出提示信息。

2. POS 机设置

在泰格系统中，可以通过 POS 机设置模块设置所使用的 POS 机、打印机、钱箱和客户显示牌，收银台机器编号、磁卡读写器等。POS 机设置如图 2-13 所示。

操作步骤如下。

（1）通过 F1 键可以设置收银机的类别。

（2）通过 F2 键设置小票打印机的端口，如果无小票打印机则选择 NONE。

（3）通过 F3 键选择打印机，选择是否打印汉字，选择是否自动切纸，选择小票格式是否自定义套打格式，同时可以对套打格式进行自定义大小、样式、内容和尺寸。

（4）通过 F4 键可以选择客户显示牌的类型。

（5）通过 F5 键选择客户显示牌的端口类型。

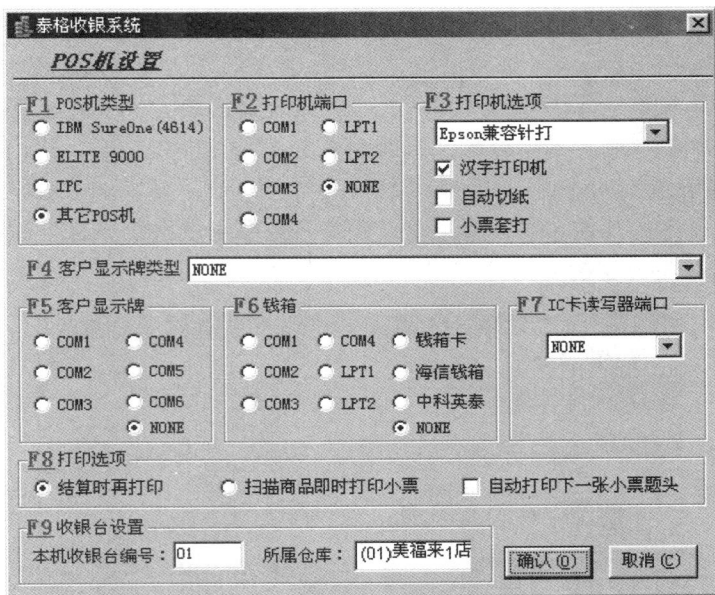

图 2-13　POS 机设置

（6）通过 F6 键选择钱箱端口，如果钱箱接在小票打印机端口，则该端口选择与小票打印机同一端口。如果采用的是钱箱卡则端口选择钱箱卡。例如，POS 机采用的是海信的机器，则钱箱端口选择海信钱箱。海信的钱箱需在厂家人员指导下，选择驱动类型，如图 2-14所示。

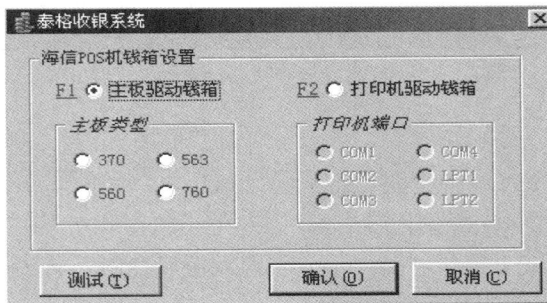

图 2-14　驱动类型选择

（7）通过 F7 键选择 IC 卡读写器打印端口。

（8）通过 F8 键选择小票打印方式，是否结算时再打印，是否打印商品即时打印小票，是否打印结束时自动打印下张小票的抬头。

（9）通过 F9 键设置本收银机号，需要注意的是收银机号不可以重复。

（10）选择此台 POS 机销售所对应的仓库，确定退出。

注意： POS 机的设置将用于正常业务，所有设置必须与实际情况完全相符并确保正确。若设置出错，将导致系统无法正常工作。对于收银台编码设置一项有下列要求：公司每个收银台的编码及收银机号，不可与其他收银台重复。

3. 其他普通设置

泰格收银系统中的其他普通设置可以设置是否需要记录系统日志，进入系统时是否进入练习/运行状态，屏幕保护时间等。如图 2-15 所示。

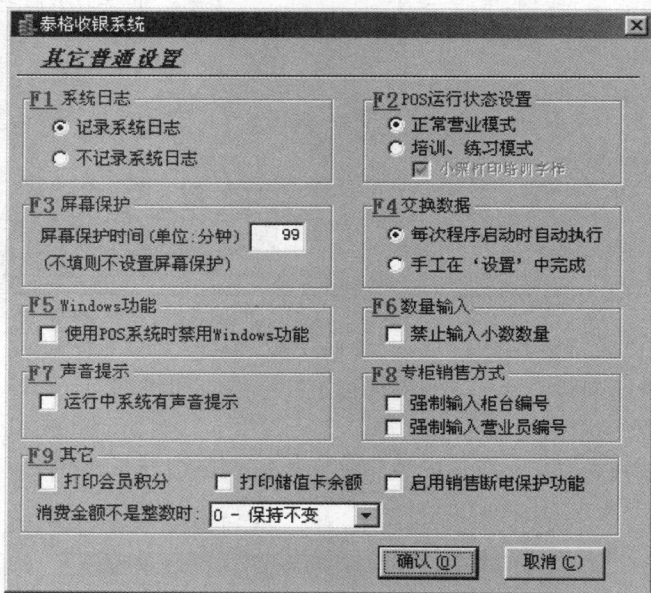

图 2-15 其他普通设置

操作步骤如下。

（1）通过 F1 键设置 POS 前台是否记录系统日志。

（2）通过 F2 键设置 POS 运行是培训状态还是正常营业状态。如果刚开始培训则可以选择培训模式，培训模式下销售商品，不会记入系统库存。

（3）通过 F3 键可以设置屏幕保护时间。

（4）通过 F4 键可以设置数据交换的时间。

（5）通过 F8 键设置专柜销售选项，是否在本 POS 机上强行录入营业员编号，如果是，则在 POS 销售时，系统要求强制录入营业员编号，方可销售。

（6）通过 F9 键设置是否打印会员积分、是否打印储值卡余额、是否启用销售断电保护功能；消费金额不是整数时，选择前台是否自动抹零，还可选择四舍五入或去尾等多种形式。

4. 日志管理

日志管理窗口中，可浏览前台交易日志，进行查阅、删除操作，包括操作员代码和名称、每一笔交易的开始时间、所完成的任务等。按[返回]键或[Esc]键退出。

（三）收银工作规范

1. 岗位概述

收银区的主要工作是负责商品货款的结算，收银员要对结算的准确性、商品的安全、营业款的安全负责。收银是超市效益的最终实现环节，也是超市防损的一个重要环节。收银员与顾客进行直接接触，近距离地为顾客服务和接受顾客的咨询，是超市的门面和亲善大使，是显示整个超市管理水平和服务水准的一个重要窗口。

2. 人员要求

前台 POS 系统的主要操作者是收银员，相对于后台的系统维护人员，前台对收银员的要求相对低一些。收银员不一定非要具备较高的计算机水平，但一定要头脑灵活，动作麻利，工作负责，品行正派。除此之外，要求前台收银员要了解自己工作的机器设备，熟练掌握前台系统软件的各种功能和操作，在系统出现问题时，能够及时和后台工作人员联系，积极配合后台工作人员和系统管理员解决问题。

3. 收银员岗位管理条例

（1）收银员岗位必须由作风正派，工作认真，责任心、原则性强的员工来担任。

（2）收银员上岗必须使用自己的登录号。

（3）收银员只能使用系统规定的价格进行销售，当发现商品价格与计算机的价格有差异时，应及时报告领班。所有交易商品都必须输入计算机。

（4）收银员退货必须通知领班。

（5）收银员必须处理好挂账交易。下班前必须处理好挂账交易，不处理强行关机被视为侵吞交易营业额。

（6）收银员下班必须按正常步骤退出系统关机。未按步骤正常关机被视为故意破坏系统。

（7）营业结束交班时，收银员需将全部营业款上缴财务。

🎓 视野拓展

收银方式的移动革新

一、昂捷移动 POS 的应用

随着零售行业交易活动的日益频繁，人们对交易的便捷性不断提出新的要求，针对目前移动应用的广泛普及，昂捷公司结合自身零售多年的耕耘成果及自身技术优势，针对商场的传统收银方式进行了革新，率先在收银业务上实现了与大 POS 机功能相同的移动 POS 应用。

在进行集中收银的商场，传统的收银流程一般为：

（1）顾客在专柜选购商品；

（2）营业员根据顾客选购的商品，为顾客开具小票；

（3）顾客持小票到商场统一的收银台付款；

（4）顾客付款后，收银员盖章；

（5）顾客持盖章小票返回专柜；

（6）顾客将小票交给专柜营业员，营业员将商品交付顾客，完成购买交易。

1. 两种改进收银流程的方案

1）在每个专柜放一台大的 POS 机

由于使用与收银台相同的大 POS 机，采用该方式虽然能够完全满足顾客付款的需要，但也有明显的缺点。

（1）布线麻烦

大 POS 机需要电源线和网线的连接，部署大 POS 机的地方必然需要进行电线和网线的布线工作，部署地点多，工作量大；同时，商场布局特殊，布线的复杂程度更高。

（2）影响美观

大 POS 机在专柜内，不能保证与专柜的装饰风格相同，影响美观。

（3）专柜场地有限

摆上 POS 机，必然要占用场地，缩减专柜的可利用空间。

（4）调整难度大

由于布线复杂，商场经营区域调整时难度增大。

（5）管理成本高

由商场的收银员在专柜操作 POS 机完成收款，必然增加了商场的人力成本；由专柜人员操作 POS 机，则需要对其进行专门的 POS 操作培训，且会在交账环节造成很多不必要的麻烦，管理成本高。

2）使用单片机技术的 POS 机

使用单片机技术的 POS 机，体积小巧，携带方便，几乎不占用经营场地空间，使用无线通信技术，减少了布线的工作量，不影响商场经营区域的调整。但是由于其自身技术不足，导致其功能简单，只能完成复杂的管控逻辑，不能完成诸如积分策略，价格优惠等业务。

2. 昂捷移动 POS 解决方案

昂捷公司开发的可跨平台部署的 POS 软件，可应用在 Windows、WinCE、Linux 等多种操作系统上。只要将昂捷的 EnjoyPos2 软件安装在使用以上系统的智能移动 POS 设备中，就可以实现两种方案优势的结合。既能够满足轻便小巧，无线通信的要求，又能实现与大 POS 机相同的商品录入、促销、付款、收银等功能，还支持银联卡、商场内部储值卡等刷卡支付方式，是一种较为完善的解决方案。

1）昂捷移动 POS 系统组成

昂捷移动 POS 系统主要由昂捷移动 POS 终端与 POS 后台服务器及数据库组成，移动 POS 终端设备安装有昂捷 EnjoyPos2 软件程序，POS 服务器上部署昂捷的 POS 服务系统及 POS 服务数据库。如图 2-16 所示。

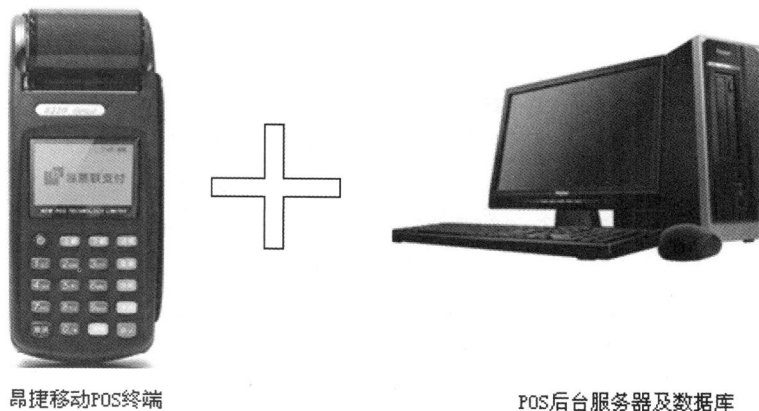

昂捷移动POS终端　　　　　　　　　POS后台服务器及数据库

图 2-16　昂捷移动 POS 系统组成

2）无线 AP

使用移动 POS 必须通过无线信号连接，故需要有无线 AP 接入点。如果只是在局域网中使用移动 POS，则需要使用无线路由作为 AP，移动 POS 终端通过 Wi-Fi 接入局域网。如果需要在广域网中使用，移动 POS 需要与互联网上的服务器进行通信，则可以通过电信运营商的 GSM/CDMA/GPRS 网络接入。

3）昂捷移动 POS 系统特点

（1）具有与大 POS 机相同的功能。

（2）具有跨平台特征，支持多种操作系统，多种数据库。

（3）与昂捷零售业管理系统充分集成。

（4）可与其他零售业 ERP 业务系统通过开发接口连接。

使用移动 POS，简化了收银流程，顾客可以在专柜内一次性完成商品的选购和付款。减少有线网络部署工作量，减少经营区域调整时需要重新调整有线网络的工作量；无线、移动、手持操作，不受营业场地限制；分流收银压力，提高收银效率；节省顾客在专柜及收银台往返的次数和时间；提升商场服务形象；进一步方便对重要顾客的服务；方便品牌专柜的日常经营；增加顾客冲动消费的可能性。

二、自助收银机

目前很多连锁超市都尝试了收银新"武器"——自助收银机。

自助收银机从扫描单品到结账付款全部可以由顾客独立完成。付款时，同样支持多元化的支付方式，从现金，银行卡到市面上最流行的支付宝，微信甚至 Apple Pay，在自助收银机上统统可以使用。

自助收银机的使用节省了人力，满足了爱尝鲜的顾客体验，减少了大卖场排队结账的难题。特别对于那些购买少件商品的顾客，可以在最短的时间内选择自助结账通道迅速离开。随着自助收银机的不断成功试点，源源不断地有新的顾客从了解到体验，最终充分利用自助收银机。

三、多点 Dmall 力推自助收银机

多点自由购功能可以让顾客自由规划购物路径，全程无须经过收银台，通过手机上多点 App 即可完成购物。顾客只需在多点 Dmall App 中点选"自由购"图标，将扫描页对准货架上商品的二维码，商品就会自动加入 App 内的"电子购物车"。选购完毕后在线支付，即可生成二维码形式的"付款凭证"，最后在二维码验证机上轻轻一扫，即可带着商品离开，全程无须等待。

"一扫、一点、一付"的简单操作，不仅为不同消费者提供了自由设计购物动线、快速完成购物流程的可能，更帮助门店降低了运营成本。更重要的是，多点 App、多点自助收银机与多点系统完全打通，这样既可以让用户体验到自助购物快速完成享受优惠、会员积分等服务，又可以更好地帮助商家进行对会员和商品的数字化管理，以此来完成线下门店全方位的数字化升级改造。此外，多点自助购能够有效提升门店运营效率并提高用户体验。

据了解，多点自助购物体系目前已经覆盖华北、华中、华东、西北、华南等地域，从商超百货逐渐扩展至家居零售，合作伙伴包括物美、中百、新百、人人乐、步步高、百安居等。

（改编自：昂捷视界、联商网）

项目小结

项目主要介绍了前台收银系统的设计原则和主要功能，以及每一项功能的操作实现过程。后台信息管理系统对前台收银机的设置和管理，销售数据的处理过程及收银员的工作规范。

项目训练

一、知识回眸

1. 收银机为什么要配备 UPS 电源？
2. 结束收银时，为什么要退出登录？
3. 从 POS 机上采集的原始数据有什么用途？

二、能力提升

1. 丰华超市学院店是某校的校企共建生产性实训基地，学生在大一时就可以在该店内进行认知实习。实习时会有部分学生分组到收银台，因为是第一次进行收银操作，超市会单独拿出两台收银机供学生实习，学生可以在指导老师的指导下，利用超市的商品反复进行前台 POS 销售，练习收银操作。请学生们讨论，系统是如何设置的？在这种状态下销售商品，会不会影响超市的正常营业和库存呢？

2. 来伊份是休闲食品品牌。2005 年时行业的发展模式就是拼命开店，占领市场。到 2009 年，公司上了第一套 SAP，原因是管理层需要看到完整和准确的数据，内部管理的需求驱动了公司进行信息化建设。

2010 年，互联网对实体店经营的冲击凸显出来，"三只松鼠"在 272 天的时间里将销售额做到两个亿。而来伊份从 1999 年到 2006 年，用了六年时间才将销售额做到 3.3 个亿。2011 年，利用移动互联网，来伊份公司的业务和管理做了革命性的结构调整，在移动营销方面，进行了很多新的创新，比如现在消费者可以从线下来订购线上的商品，即使是门店没有的商品。未来，还将在门店的收银条上打印出周边商圈的团购信息和促销信息。在会员管理方面，比如现在会员卡的制作，消费者可以通过微信将自己的照片发给门店的前台，前台打印出实际的会员卡。

试分析移动互联网给来伊份企业管理带来的变化，并分析移动应用的未来。

项目二　连锁企业后台管理

学习目标

知识目标：理解连锁企业后台管理的内容和意义，掌握连锁企业后台管理的业务流程。
能力目标：能进行连锁企业后台管理业务操作。

案例导入

沃尔玛自动补货系统

沃尔玛在全球 28 个国家拥有超过 63 个品牌，约 11 500 家分店。2016 财政年度（2015 年 2 月 1 日至 2016 年 1 月 31 日）的营业收入达到近 4 821 亿美元，全球员工总数约 230 万名。

沃尔玛之所以能够取得成功，有一个很重要的原因是它的补货系统。每一个商店都有这样的系统，包括在中国的商店。它使得沃尔玛在任何一个时间点都可以知道，现在这个商店当中有多少货品，有多少货品正在运输过程当中，有多少是在配送中心，等等。

同时补货系统也使沃尔玛可以了解，沃尔玛某种货品上周卖了多少，去年卖了多少，而且可以预测沃尔玛将来可以卖多少这种货品。沃尔玛之所以能够了解得这么细，就是因为沃尔玛体系中所有产品都有一个统一的 UPC 代码，在中国叫 EAN 码。条码的应用使得沃尔玛所有的商场中，都不需要用纸张来处理订单。

沃尔玛的自动补货系统，可以自动向商场经理订货，这样就非常及时地对商场进行帮助。经理们在商场当中走一走，然后看一看这些商品，选到其中一种商品，对它扫描一下，就知道现在商场当中有多少这种货品，有多少订货，而且知道有多少这种产品正在运输到商店的过程当中，会在什么时间到，所有关于这种商品的信息都可以通过扫描其产品代码得到，不需要其他人再进行任何复杂的汇报。

　　在商场当中，商场的经理拥有这样的自由度——他可以不听从这些物流系统对他的建议。虽然系统的建议订货量很少，但是经理还可以订更多的货；或是系统建议的数额太大，经理有自主权决定减少一些。在美国，这个系统每天提供的这种信息，都下载到沃尔玛在世界各地的办公室当中，世界各地的这些信息又都可以传送到沃尔玛的总部当中。只要有一个人进行订单，沃尔玛就通过这种电子方式来和供货商进行联系。

（改编自：联商网）

一、后台管理综述

　　商业信息管理软件除了前台收银系统之外，大部分的主要功能都是由后台来完成的。前台收银系统接受后台管理系统设定的各种基本信息，并将 POS 机上采集的销售数据传送给后台管理系统，后台管理系统进行分析汇总，为企业决策提供保障。前台销售系统和后台管理系统两者共同构成完整意义上的商业信息管理系统。

（一）后台管理系统设计思想

　　不同的商业业态，经营模式和管理方法各不相同，但后台管理系统的核心是一致的，就是商品的"进销存"管理，即商品的进货、销售和库存管理。

　　要描述并管理商品的进销存过程，后台管理系统首先要建立所有基本资料的信息库，通过记录每一条信息的流动过程，形成相应的统计、查询、分析数据以供决策，同时以网络形式来管理局域网甚至广域网中的每个工作站和每台 POS 机，可以认为后台管理就是一个商业企业的总信息部和总指挥部。

（二）连锁经营基本物流模型

　　物流模型的核心——进销存，在不同业态中被细化为不同的模型结构图，连锁经营的基本物流模型图如图 2-17 所示。

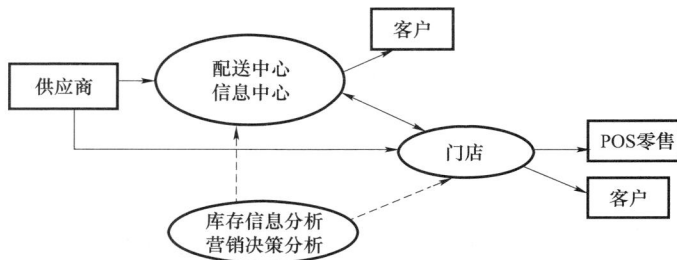

图 2-17　连锁经营的基本物流模型

模型的基本描述如下。

（1）供应商供货：供应商根据配送中心发出的需求向配送中心提供商品，或者直接将商品送往门店。

（2）配送中心对进货商品验收入库，与供应商产生账款往来。供应商直接送货到门店时，也由配送中心与供应商结算。

（3）配送中心根据信息库资料向各门店配送各种商品，同时提供各种商品的基本资料。

（4）配送中心或门店可以向客户进行批发销售，与客户产生账款往来。

（5）配送中心可以在门店之间进行商品的调拨。

（6）门店将前台的销售数据反馈给配送中心。

（7）信息中心对数据进行统一查询分析，对进销存进行科学管理。

（8）信息中心进行决策分析，制定营销和管理策略。

二、基本资料信息管理

在连锁经营的基本物流模型中，作为核心枢纽的配送中心，首先最重要的基础工作就是建立基本资料信息库。信息库是整个进销存业务的第一步。基本资料的范围包括商品类别信息、仓库和连锁分店信息、区域信息、供应商与大客户信息、商品基本信息和其他基本信息。

（一）类别信息

类别信息用于商品分类设置，商业企业用户可根据自身业务对商品进行分类。可以分为大类、中类、小类等。在泰格管理信息系统中，大、中、小类的编码分别为两位。类别信息如图 2-18 所示。

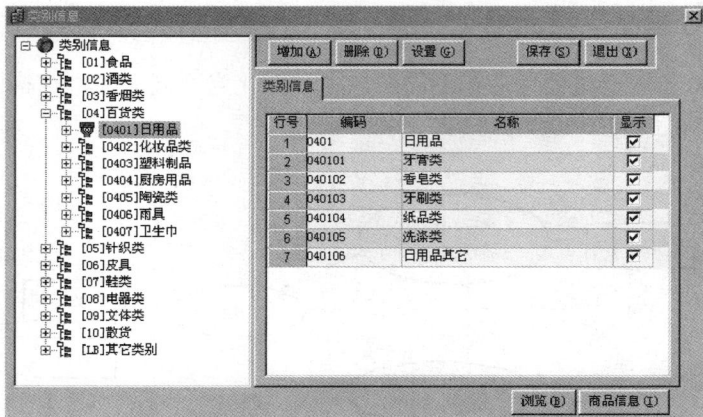

图 2-18　类别信息

（二）仓库和连锁分店信息

仓库基本信息用于建立系统仓库和外地机构仓库（连锁分店仓库），如图 2-19 所示。

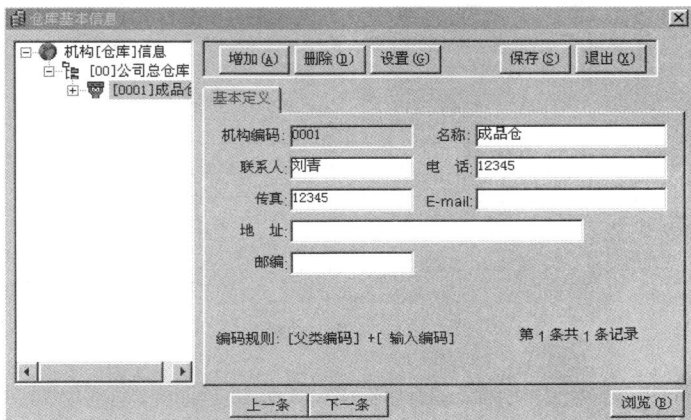

图 2-19　仓库信息

（三）区域信息

区域信息用于建立供应商和客户所在的地理区域信息，如图 2-20 所示。

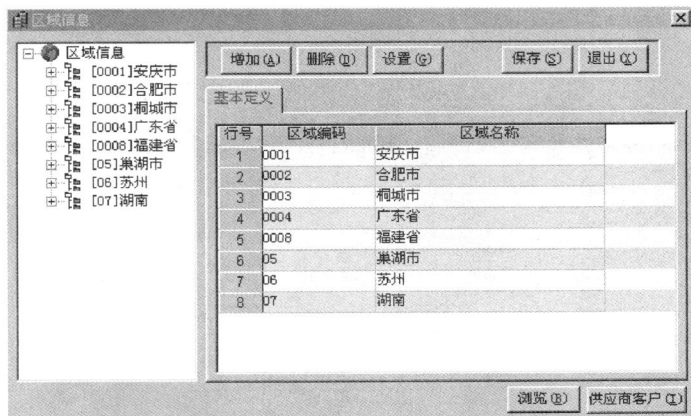

图 2-20　区域信息

（四）供应商信息

供应商信息包括供应商编码、名称、区域、联系人、付款条件、付款方式、账号、信誉额度、联系电话、地址、税务信息等，如图 2-21 所示。

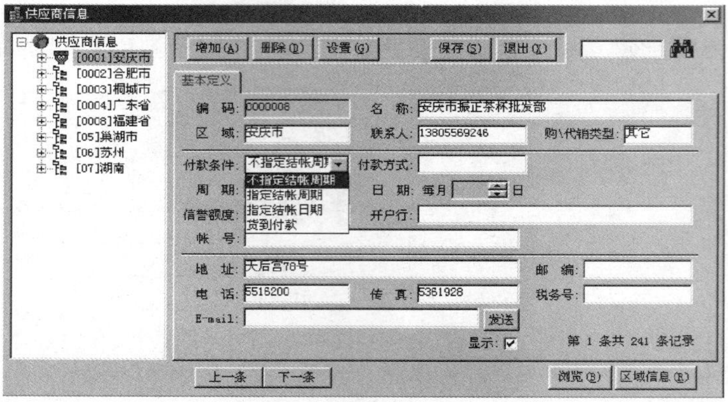

图 2-21 供应商信息

不指定结账周期：即实销实结，在具体每次采购进货时，才在单据中指定付款日期。

指定结账周期：指定结账周期是多少天，在每次采购进货入库的日期加上结账周期才是付款日期。

指定结账日期：每月几日，在每次采购进货以后，结账日期必须在每月的指定日期才能付款结账。

货到付款：即现款采购，现款结账方式。

（五）大客户信息

大客户基本信息及资料维护同供应商信息类似，如图 2-22 所示。

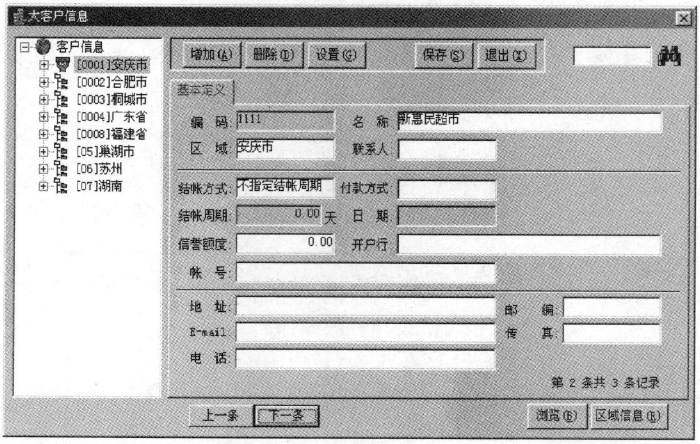

图 2-22 大客户信息

（六）商品基本信息

商品基本信息用于建立商品档案，包括商品条码、商品名称、规格、价格、包装单位、类别、品牌、专柜、采购周期、到货周期、进项税率和销项税率等属性，如图 2-23 所示。

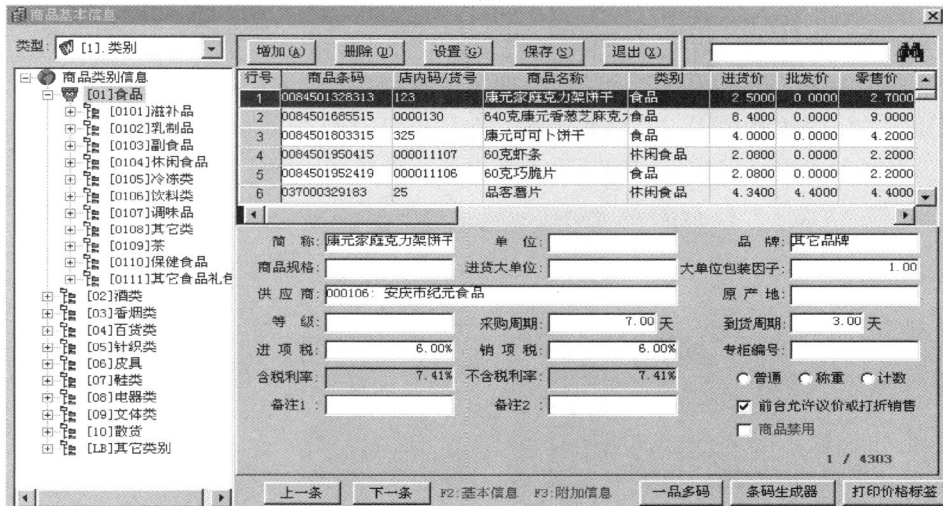

图 2-23　商品基本信息

1. 基本标识

商品基本标识包括商品条码、商品名称、选择商品类别，录入商品进货价、批发价、零售价、会员价。

2. 附加信息

商品附加信息包括商品简称、单位、品牌、商品规格等。

1）大小包装

包装分为大单位、小单位。一般大单位仅为采购进货或批发销售时提供方便使用，小单位一般用于零售业务，二者之间在数量和单价方面存在同一比例关系。此项设置在进货入库单上会影响进货单位单价。例如：保剂丸 1 箱有 24 盒，则进货大单位为 1 箱，包装因子为 24 盒。

2）采购/到货周期

采购周期是指从下订单到商品到货所需的时间。到货周期是指商品从供应商送货到商品入库所需的时间。该周期系数在库存管理智能补货中的智能补货系数将会用到。

3）进项税和销项税

进项税指商品进货价所含的增值税率。销项税指销售单价中所含的增值税率（在毛利报表中，卖场利润可以分为含税毛利和不含税毛利）。

如果是专柜商品，还需录入该商品所属专柜。选择商品是普通、称重还是计数商品。

选择销售时是否允许前台收银员对该商品进行打折或议价处理。

4）一品多码

对于饮料等多种口味的商品，有多个商品条码，但进货价格和销售价格都是一样。商业企业为了方便统计，商品库存，商品的进货和销售都可按照其中的一个主条码进行统计。在基本信息中录入的条码为主条码，其他的附属条码在一品多码中录入。

例如对第五季果汁使用一品多码录入，在销售第五季果汁时，无论销售哪个附属条码的商品，系统都会自动默认销售的是第五季果汁。一品多码设定如图 2-24 所示。

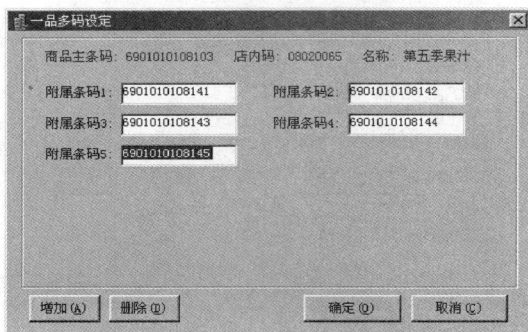

图 2-24　附属条码录入

5）一码多品

如衣服等商品有时候会出现款式不同而条码相同的情况，在输入商品基本信息的时候，将此类商品的条码输入在店内码位置，条码位置输入商品店内码。形成一个店内码对应多个条码商品情况。在前台销售此类商品时，将条码和店内码的功能键互换，系统会弹出选择商品界面，收银员直接选择顾客购买商品即可。一码多品销售如图 2-25 所示。

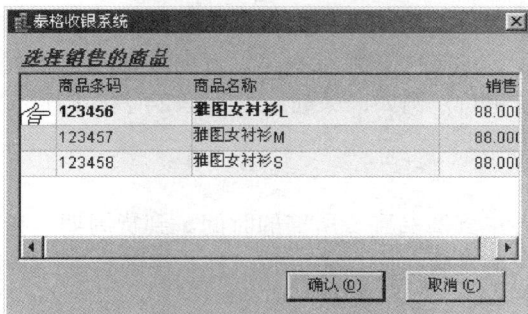

图 2-25　一码多品销售

（七）收银员信息

只有建立好收银员名称和密码后，收银员才可以进入前台 POS 进行销售。收银员管理主要包括收银员信息的建立、收银员密码设置、收银员权限设定以及收银员有效性设置等，如图 2-26 所示。

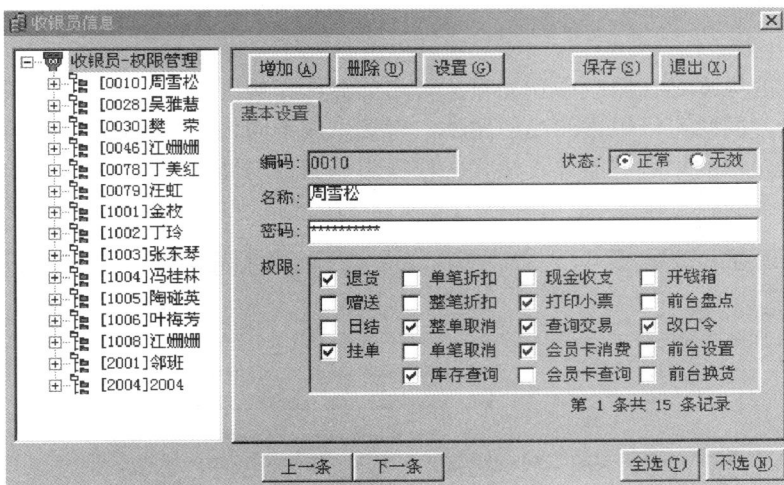

图 2-26 收银员信息

具体操作步骤为：

（1）进入收银员基本设置，单击"增加"按钮，可生成新的记录；

（2）录入收银员编码（编码一般为数字编码，系统不同，编码位数可能有所不同），收银员名称，收银员密码，泰格系统支持四位编码；

（3）选择收银员状态，系统默认为正常状态，如果收银员离职或其他原因要停止收银员登录，将收银员状态设为"无效"即可；

（4）收银员授权，在允许的权限前打"钩"。如果收银员只有收银的权限，则不用授予任何权限。

三、商品的进销管理

（一）进货

商业企业的进货环节可以分为"订货"和"验收货"两步。

1. 订货

订货可以看作是商品进货的前奏，从商品的角度，订货可以分为老商品订货和新商品订货；从自动化的角度讲，订货可以分为手工订货和智能补货。一般来说，智能补货适用于有一定时期运行基础，历史数据稳定可靠的商业企业。通过智能补货可以减少不良库存、防止商品买丢、节省人力资源。而新商品的采购，由于没有历史数据参考，一般采用手工订货的方式，填制"订货单"。

1）智能补货

智能补货的原理是在系统中预先设置一定的算法和规则，根据补货条件自动生成需补货的商品数量，同时可以根据商品的属性，直接生成不同供应商的采购订单。泰格系统引入沃尔玛、家乐福的采购智能补货模式，根据商品的日均销量方式进行补货，同时也保留了国内企业传统的补货模式，根据库存上下限补货模式进行补货。智能补货如图 2-27 所示。

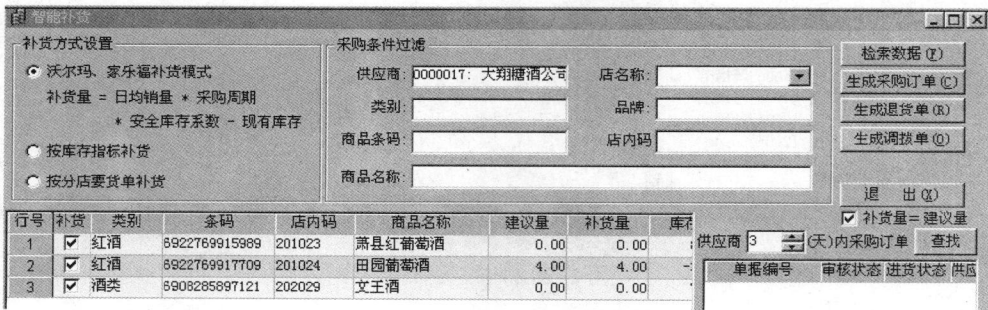

图 2-27　智能补货

沃尔玛补货公式为：

$$采购订货数量=日均销量×采购周期×安全库存系数-现有库存$$

按库存指标智能补货，对已经设置库存指标的商品，商品库存量低于系统最小库存时，则按系统设置的最高库存数量进行智能补货。

按分店要货单补货，若已存在分店要货单，而总部商品库存不足，则在窗口生成要货商品建议补货数量。

操作步骤：

（1）选择补货模式，选择是沃尔玛补货模式、按库存指标还是按分店要货单补货模式；

（2）在右边过滤栏中选择补货供应商、类别、条码、通用名等过滤条件；

（3）单击 检索数据(F) 按钮，则系统会根据设定条件自动生成需补货的商品和补货的数量；

（4）根据检索情况生成采购订单、退货单、调拨单。

2）采购订单

采购商品时，通常会制订采购计划，采购订单不仅可以作为采购计划还可以作为进货入库的原始凭证。订货单通常有两种形式：一种是从“智能补货”中生成，另一种由手工填写，如图 2–28 所示。

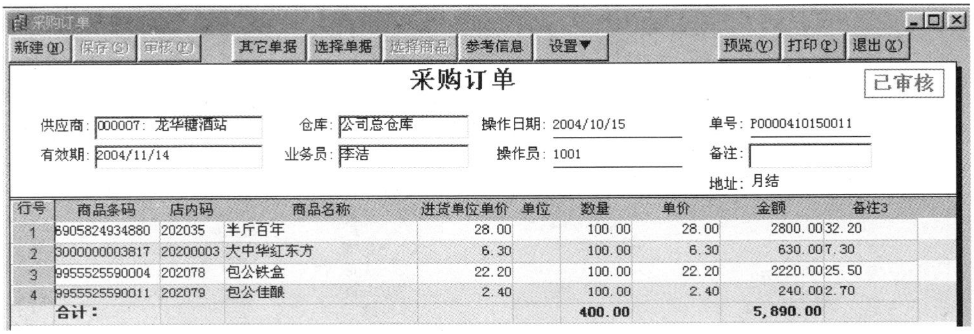

采购订单　已审核

供应商：000007：龙华糖酒站　仓库：公司总仓库　操作日期：2004/10/15　单号：P0000410150011

有效期：2004/11/14　业务员：李洁　操作员：1001　备注：

地址：月结

行号	商品条码	店内码	商品名称	进货单位单价	单位	数量	单价	金额	备注3
1	6905824934880	202035	半斤百年	28.00		100.00	28.00	2800.00	32.20
2	3000000003817	20200003	大中华红东方	6.30		100.00	6.30	630.00	7.30
3	9955525590004	202078	包公铁盒	22.20		100.00	22.20	2220.00	25.50
4	9955525590011	202079	包公佳酿	2.40		100.00	2.40	240.00	2.70
	合计：					400.00		5,890.00	

图 2–28　采购订单

供应商：要采购商品的供应商，也可以通过直接录入供应商编码方法来录入。

业务员：记录采购的业务员，也可以按业务员来统计采购金额。

订单有效期：订单填制的有效时间，有效期后，如果没有进货，此订单就自动失效，系统设置中默认有效期为 1 个月。

选择商品：单击 选择商品 按钮，录入采购的商品。

采购数量：采购数量可以按大单位进货，录入大单位数量和大单位单价，也可以直接使用小单位来实现。

选择单据：单击 选择单据 按钮可显示历史采购订单数量和状态（未进货、部分进货、全部进货），在系统设置中设置默认查询时间可设置显示多长时间段的历史单据。也可在此调出未审核的历史采购订单进行修改。

2. 验收货

当采购商品到货后，可直接填制进货入库单，也可根据采购订单直接生成进货入库单，审核后系统完成商品入库操作。进货入库单如图 2–29 所示。

（1）选择供应商，选择入库仓库。

（2）录入付款日期，如果供应商信息中选择的是月结或指定结账日期，则系统还是会自动选取约定付款日期。

（3）录入入库商品，如果已生成订单，则在“原始单据”输入单据号，或使用直接调出历史采购订单，进货入库。

（4）根据实际入库量及价格，修改调用的采购订单的入库数量和入库单价。

（5）保存，审核，退出。

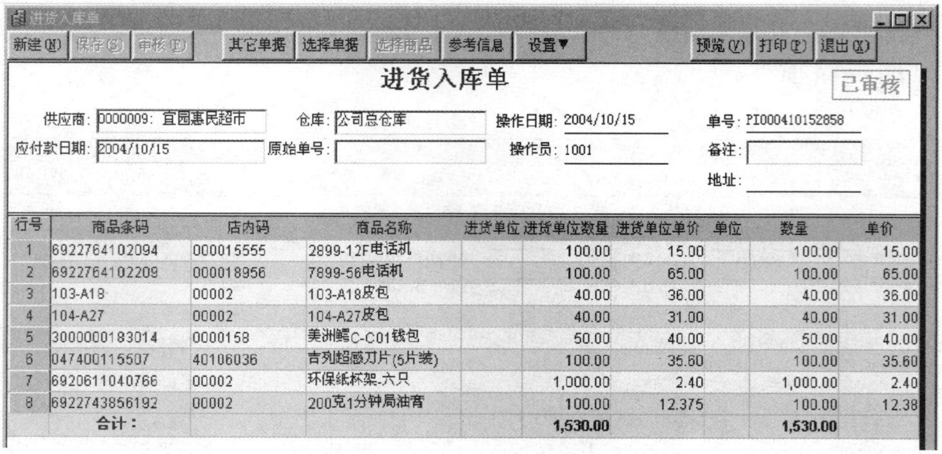

行号	商品条码	店内码	商品名称	进货单位	进货单位数量	进货单位单价	单位	数量	单价
1	6922764102094	000015555	2899-12F电话机		100.00	15.00		100.00	15.00
2	6922764102209	000018956	7899-56电话机		100.00	65.00		100.00	65.00
3	103-A18	00002	103-A18皮包		40.00	36.00		40.00	36.00
4	104-A27	00002	104-A27皮包		40.00	31.00		40.00	31.00
5	3000000183014	0000158	美洲鳄C-C01钱包		50.00	40.00		50.00	40.00
6	047400115507	40106036	吉列超感刀片(5片装)		100.00	35.60		100.00	35.60
7	6920611040766	00002	环保纸杯架-六只		1,000.00	2.40		1,000.00	2.40
8	6922743856192	00002	200克1分钟局油膏		100.00	12.375		100.00	12.38
	合计：				1,530.00			1,530.00	

图 2–29 进货入库单

实际应用过程中，有些商品是供应商赠送的，此类商品入库，可以通过赠送入库单来实现。用户录入时，赠送商品单价系统默认为 0，当然用户可根据实际情况修改。赠送入库单如图 2–30 所示。

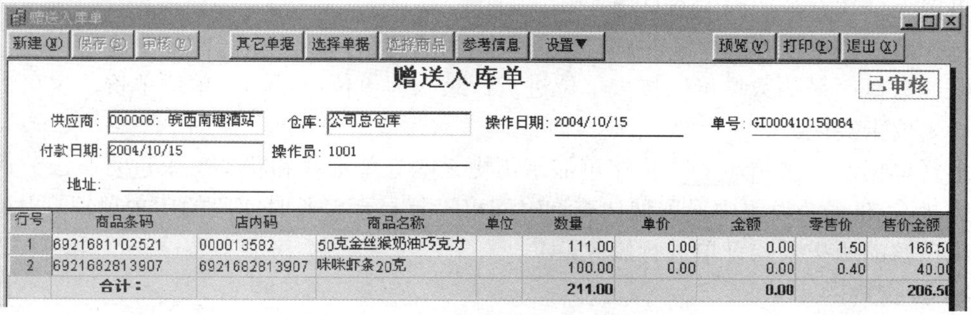

行号	商品条码	店内码	商品名称	单位	数量	单价	金额	零售价	售价金额
1	6921681102521	000013582	50克金丝猴奶油巧克力		111.00	0.00	0.00	1.50	166.5
2	6921682813907	6921682813907	咪咪虾条20克		100.00	0.00	0.00	0.40	40.0
	合计：				211.00		0.00		206.5

图 2–30 赠送入库单

（二）销货

“销”货指的就是商品的售卖，包括批发和零售，以下对批发内容进行阐述，零售已在前台系统部分进行阐述。

批发业务主要通过销售订单和销售单来实现。

如果有客户订货，商业企业可以开出销售订单记录客户订货商品情况以及订货金额，向该客户收取销售订金。销售订单如图 2–31 所示。

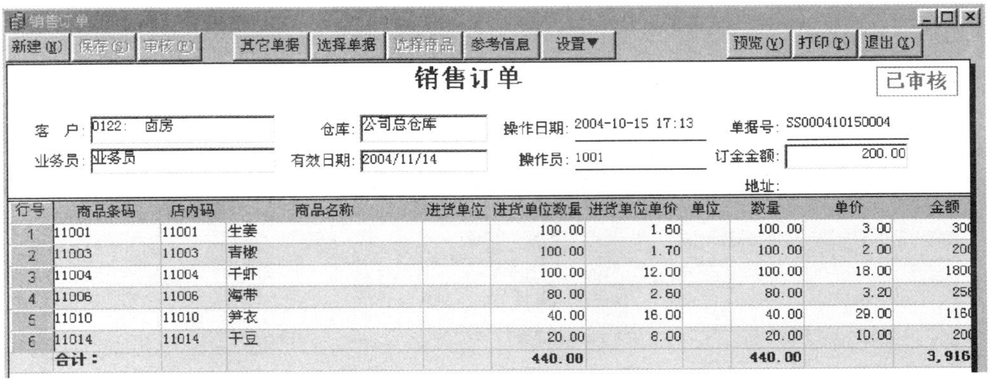
销售订单

新建(N)　保存(S)　审核(E)　其它单据　选择单据　选择商品　参考信息　设置▼　预览(V)　打印(P)　退出(X)

销售订单　已审核

客　户:0122:　卤房　仓库:公司总仓库　操作日期:2004-10-15 17:13　单据号:SS000410150004

业务员:业务员　有效日期:2004/11/14　操作员:1001　订金金额:200.00

地址:

行号	商品条码	店内码	商品名称	进货单位	进货单位数量	进货单位单价	单位	数量	单价	金额
1	11001	11001	生姜		100.00	1.60		100.00	3.00	300
2	11003	11003	青椒		100.00	1.70		100.00	2.00	200
3	11004	11004	干虾		100.00	12.00		100.00	18.00	1800
4	11006	11006	海带		80.00	2.60		80.00	3.20	256
5	11010	11010	笋衣		40.00	16.00		40.00	29.00	1160
6	11014	11014	干豆		20.00	8.00		20.00	10.00	200
	合计：				440.00			440.00		3,916

图 2–31　销售订单

客户确定购买后，则开销售单取货，如已有订单，则可以从“原始单号”中直接调出销售订单作为销售单。系统也支持不做销售订单，直接开销售单进行批发销售。销售单如图 2–32 所示。

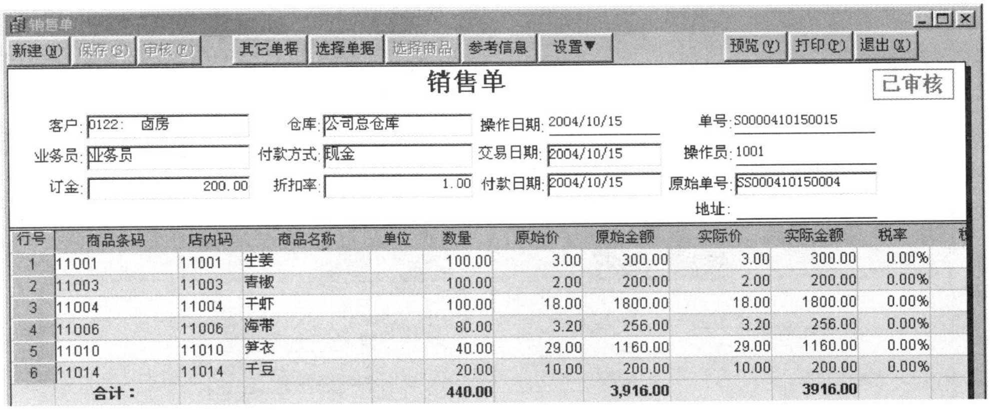
销售单

新建(N)　保存(S)　审核(E)　其它单据　选择单据　选择商品　参考信息　设置▼　预览(V)　打印(P)　退出(X)

销售单　已审核

客户:0122:　卤房　仓库:公司总仓库　操作日期:2004/10/15　单号:S0000410150015

业务员:业务员　付款方式:现金　交易日期:2004/10/15　操作员:1001

订金:200.00　折扣率:1.00　付款日期:2004/10/15　原始单号:SS000410150004

地址:

行号	商品条码	店内码	商品名称	单位	数量	原始价	原始金额	实际价	实际金额	税率	税
1	11001	11001	生姜		100.00	3.00	300.00	3.00	300.00	0.00%	
2	11003	11003	青椒		100.00	2.00	200.00	2.00	200.00	0.00%	
3	11004	11004	干虾		100.00	18.00	1800.00	18.00	1800.00	0.00%	
4	11006	11006	海带		80.00	3.20	256.00	3.20	256.00	0.00%	
5	11010	11010	笋衣		40.00	29.00	1160.00	29.00	1160.00	0.00%	
6	11014	11014	干豆		20.00	10.00	200.00	10.00	200.00	0.00%	
	合计：				440.00		3,916.00		3916.00		

图 2–32　销售单

四、库存管理

库存是“进”和“销”业务综合作用的结果，此外还有各种原因造成的损耗和盈余，使得库存数量发生变化，但是，各实体店内部各仓位之间的数量转移，不影响总体库存量的变化。

（一）调拨单

商品调拨指将商品从一个仓库移至另一仓库，或者总店向分店配送商品时使用。调拨单可记录仓库库存变动情况。应当注意的是商品调拨只是内部仓位之间商品数量发生移动，系统总库存并没有发生变化。调拨单如图 2–33 所示。

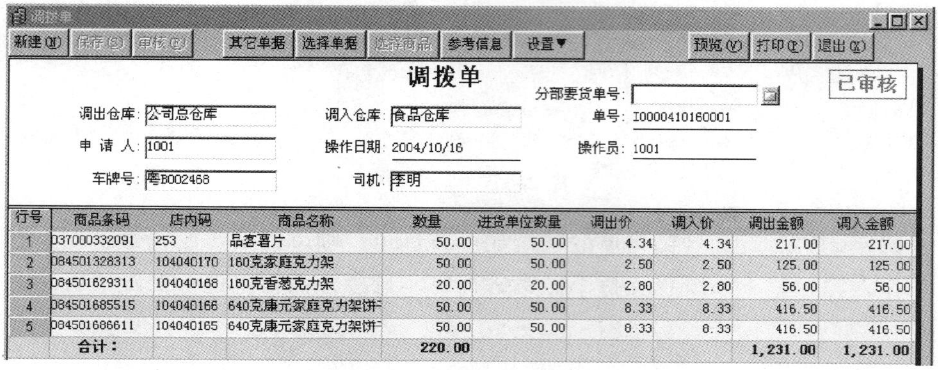

调拨单

新建(N) 保存(S) 审核(E) 其它单据 选择单据 选择商品 参考信息 设置▼ 预览(V) 打印(P) 退出(X)

已审核

调出仓库：公司总仓库　调入仓库：食品仓库　分部要货单号：　单号：I0000410160001

申 请 人：1001　操作日期：2004/10/16　操作员：1001

车牌号：粤B002468　司机：李明

行号	商品条码	店内码	商品名称	数量	进货单位数量	调出价	调入价	调出金额	调入金额
1	037000332091	253	品客薯片	50.00	50.00	4.34	4.34	217.00	217.00
2	084501328313	104040170	160克家庭克力架	50.00	50.00	2.50	2.50	125.00	125.00
3	084501629311	104040168	160克香葱克力架	20.00	20.00	2.80	2.80	56.00	56.00
4	084501685515	104040166	640克康元家庭克力架饼干	50.00	50.00	8.33	8.33	416.50	416.50
5	084501686611	104040165	640克康元家庭克力架饼干	50.00	50.00	8.33	8.33	416.50	416.50
	合计：			220.00				1,231.00	1,231.00

图 2–33　调拨单

（二）报损单

仓库有些商品会因为包装问题或其他原因损坏，需要申请报损。报损单经审核后，方可确认商品报损出库。报损单如图 2–34 所示。

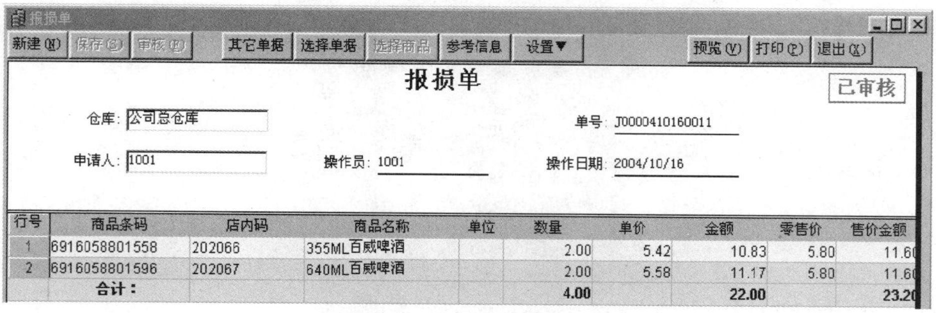

报损单

新建(N) 保存(S) 审核(E) 其它单据 选择单据 选择商品 参考信息 设置▼ 预览(V) 打印(P) 退出(X)

已审核

仓库：公司总仓库　单号：J0000410160011

申请人：1001　操作员：1001　操作日期：2004/10/16

行号	商品条码	店内码	商品名称	单位	数量	单价	金额	零售价	售价金额
1	6916058801558	202066	355ML百威啤酒		2.00	5.42	10.83	5.80	11.6
2	6916058801596	202067	640ML百威啤酒		2.00	5.58	11.17	5.80	11.6
	合计：				4.00		22.00		23.2

图 2–34　报损单

（三）盘点

连锁超市、大卖场等在经营过程中，每天都存在大量的出库、入库行为，存在各种损耗。虽然可以通过电脑信息系统查看各种报表，但报表不能反映真实发生的各种损耗，无法核算出真实的净利润情况，因此需要通过各种盘点方式来掌握店面的盈亏状况。

1. 基本概念

所谓盘点，是指定期或临时对库存商品的实际数量进行清查、清点的作业，即为了掌握货物的流动情况（入库、在库、出库的流动状况），对仓库现有物品的实际数量与系统数量相核对，以便准确地掌握库存数量。盘点是库存管理的重要组成部分和工具，是检查库存、计算成本和毛利，保证进销存数据正确性的一个重要手段。

2. 盘点的目的

盘点是为了全面确认真实的商品实物数量，通过盘点数据反映运营过程中的各种损耗以及门店营运上的失误和管理上的漏洞，及时发现问题、改善管理、降低损耗、促进销售。

3. 盘点的作用

（1）通过盘点查明商品的实际数量，核对信息系统内的商品仓存数和商品的实际库存数量是否一致，调整商品的系统库存数据。

（2）盘点的结果反映出一个门店在一个阶段内的盈亏状况，可以有效发掘管理漏洞，加强管理重点，遏阻不轨行为。

（3）通过盘点可以了解目前商品的存放位置、存货水平，发现并清除滞销品、临期过期商品，整理环境、消除死角。

（4）通过盘点确切掌握库存量，为管理提供真实科学数据。

4. 盘点方式分类

1）按盘点的操作方式分类

按盘点的操作方式分为实盘和账盘。

（1）实盘：盘点时不列出账面库存，见货盘货，实盘数量与系统账面库存核对差异，调整账面库存，使信息系统内的商品仓存数和商品的实际库存数量一致。目前盘点主要采取实盘的方式，实盘能相对真实的体现出库存状况，但要防止在盘点过程中人为抄录账面库存。

（2）账盘：有时由于时间、精力、管理等原因，来不及或不需要进行商品的实际数量清点工作，以商品的电脑账面数作为商品的实盘数，称为账盘。

需要注意的是，当账面库存与实际库存出现较大差异时，有时很难确定是账面库存有误还是实盘数据不准确，往往要采取账面盘点和实物盘点并行的方法来确定真实库存。

2）按盘点周期分类

按盘点周期分为定期盘点和临时盘点。

（1）定期盘点：是指企业按照经营管理规定，根据不同的商品特性，固定在一定时间内进行盘点。定期盘点通常有年终盘点、年中盘点、季度盘点、月度盘点。年终、年中、季度盘点通常是全面盘点；月度盘点一般是针对一个或者多个部门进行的循环盘点。而对于一些高单价商品，如金银首饰、高档烟酒，为了确保实际库存与系统库存随时一致，要进行日盘点。

（2）临时盘点：商场出现营业情况异常或者出现大的人事变动等情况时，临时组织的抽样或者局部盘点，通常由财务和审计部门发起，对商品的管理情况进行核查。

3）按盘点方法分类

按盘点方法分为全局盘点和部分盘点。

（1）全局盘点：对一个实体店面中的所有商品进行清点，如一家超市，既要盘货架上的商品，又要盘货仓中的商品。这种盘点方式工作量大，盘点过程复杂。

（2）部分盘点：对某一部分商品进行盘点，可以分部门、分货架、分商品类别、分供应商，这种盘点方式的特点是盘点范围小，针对性强。

4）按盘点手段分类

按盘点手段分为盘点单盘点、盘点卡录入盘点和盘点机盘点。

（1）盘点单盘点：按照商品摆放顺序打印商品明细表单，盘点人员人工点数，将实盘数抄写到盘点单中，然后再录入信息系统，这种盘点方式的优点是节省盘点成本，缺点是录入效率低，录入出错率高。

（2）盘点卡录入盘点：制作盘点卡，盘点时通过收银机扫描盘点卡录入数量即可，优点是录入时间短，缺点是交接盘点卡手续烦琐。

（3）盘点机盘点：利用盘点机直接扫描商品条码后录入实际数量，然后同步到后台信息系统。优点是盘点机的便捷性、高效性，缺点是盘点机的价格较高，数量有限，往往不能同时满足所有部门同时盘点。

5. 盘点方式的选择

如何合理利用各种盘点方式来最大限度上保证盘点的准确性呢？以下举例说明常见经营业态和组织机构的盘点方式。

1）大型综合超市、大卖场盘点方式的选择

大型综合超市、大卖场商品品项繁多，商品库存量大，存放位置不集中，同一商品可能存放在堆头、货架、促销桶、周转仓、破损仓、团购区、赠品区等，这就要求盘点人员做好合理的分工；经营类型复杂，包括自营商品、联营商品、租赁商品、生鲜商品、熟食加工等商品，要求盘点人员要熟悉商品特性。影响系统商品库存数量的单据类型多，例如验收、退货、连锁店之间的商品调拨、仓库调拨、批发、损益等都会直接影响库存数量，如果单据录入出现脱节或者错误，会对盘点准确性产生很大的影响。

依据行业经验，大家电、高档烟酒等精品专柜要每日进行盘点，生鲜部门每月两次盘点，食品、百货每季度进行盘点，门店出现重大营业异常情况或人事变动时，要进行临时盘点。盘点手段可以同时采取多种盘点方式并行，确保盘点过程的高效性、准确性。建议采用盘点卡录入方式或盘点机盘点，仓库盘点采用盘点表录入，盘点枪作为辅助。

2）配送中心盘点方式的选择

配送中心商品的特点是一品一位、摆放整齐、包装齐全，可以采用按系统内货架编码列盘点表方式盘点，比较简便；或者直接使用盘点机，进行扫描盘点，缺点是需要拆箱扫描。从盘点周期上看，可以采用循环的区域盘点。另外，配送中心系统产生商品库存变动的单据类型相对单一，多数情况下产生的盘点差异是由单据录入和货物进出仓不同步造成，所以要不定期进行抽查式的账面盘点。

3）便利店盘点方式的选择

便利店商品品项少，商品库存小，商品存放比较集中，电脑设备有限，即便采用盘点卡和盘点机，也体现不出优势，所以一般采用盘点单的方式盘点，从盘点范围和周期来看，一般采取每月全面盘点和重点商品每日盘点相结合的方式。

4）生鲜加工中心盘点方式的选择

生鲜加工中心商品流转速度快，原料和成品转换的差异性大，成本受季节和其他外部因素影响波动大，所以盘点周期较短，一般每半月要进行一次全面盘点，采用盘点表的录用方式。

6. 系统实现

本书中泰格系统支持全场盘点，部分盘点，多人多机盘点，前台后台盘点，盘点机盘点，系统可以自动进行加总，盘点盈亏统一进行处理，盘点时系统自动锁定库存并进行数据备份。在盈亏处理前可以查看盘点差异报表，盈亏处理后可以查看盘点遗漏商品。

具体盘点业务流程为：盘点前审核所有未审核的出入库单据；做数据日结；备份数据库；对需要盘点的范围（仓库或类别商品）立即停止营业；盘点初始化，选择盘点仓库或盘点类别，生成盘点批次号；手工盘点或盘点机盘点；手工盘点结束，恢复正常的营业；盘点单录入，支持多人多机和前台盘点；盘点盈亏处理；查看盘点遗漏报表。

注意：盘点业务流程必须严格遵守以上规则，不得违规操作，才能保证系统库存的安全性和准确性。

1）盘点初始化

通过盘点初始化选择盘点范围，盘点商品类别，系统自动生成盘点批次号，保存退出。

一般情况下，盘点初始化由一人负责做初始化一次，得到本次盘点的批次即可，一次盘点，只需一个盘点批次。进行盘点初始化期间，不可以进行任何出入库操作和销售。如果该次盘点结束，进行第二次盘点，则必须在第一次盘点盈亏处理结束后才能进行第二次盘点初始化。盘点初始化如图 2-35 所示。

2）打印手工盘点空表

手工盘点的空表可以通过系统来打印，在盘点录入单中选择货架号，生成货架商品一一对应的信息表，如图 2-36 所示。

图 2-35　盘点初始化

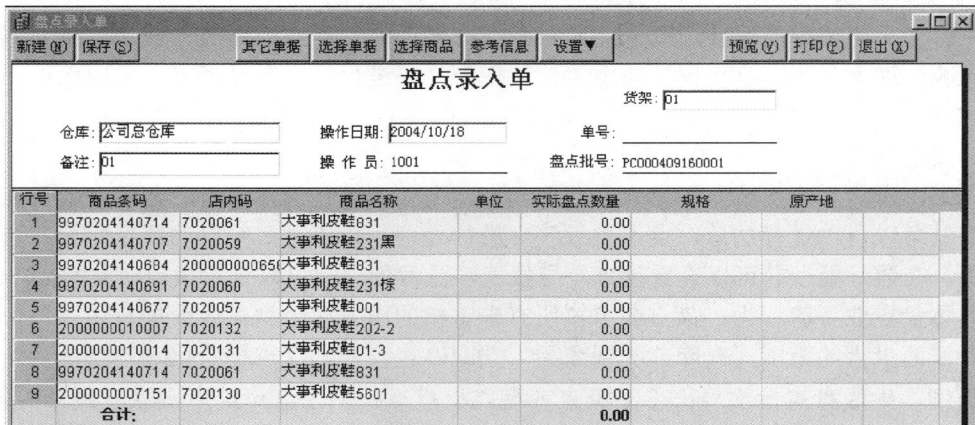

图 2-36　盘点录入单

3）手工盘点

对已经圈定好盘点的范围（仓库或类别商品）进行手工盘点。手工盘点的过程也可以通过盘点机来完成。

注意：手工盘点过程盘点锁定的范围是不允许营业的，在完成手工盘点的所有工作以后，才可以恢复正常的营业。

4）盘点单录入

将手工盘点的结果数据录入电脑。可以通过后台盘点单录入，也可以通过 POS 前台盘点单录入。系统也支持盘点机数据导入（在使用盘点机之前，要调整好盘点机的数据格式）。

5）盘点盈亏处理

完成所有盘点数据录入之后，进入盘点盈亏处理阶段。盘点盈亏处理仅更新和处理已经盘点并录入的商品，对没有盘到的商品，系统库存不会做任何处理，但在盘点遗漏报表中可以查询。

如果在盘点盈亏处理中发现个别商品盘点的库存数量不对，可以重新返回盘点录入单，重新录入，或者不对该商品库存做任何处理，对盈亏数据较大的商品要进行二次盘点，甚至三次盘点。盘点盈亏处理如图 2-37 所示。

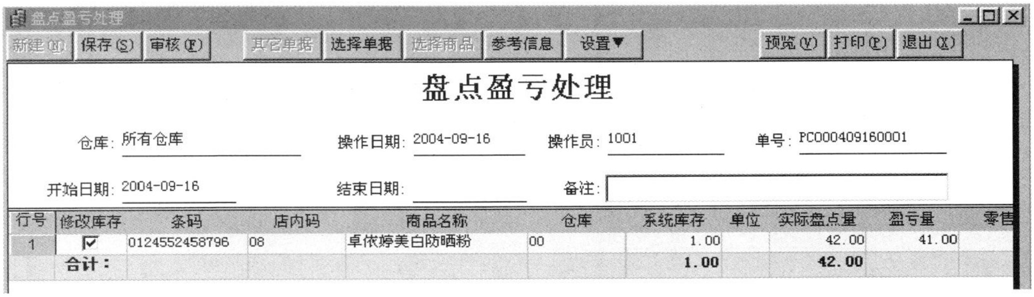

图 2-37　盘点盈亏处理

以上对商品的进销存业务进行了完整的描述，然而，商业经营中除了核心的进销存之外，还有大量的如结算、促销、统计分析等工作内容。

五、结算管理

结算管理主要完成供应商结算付款，批发客户的结算和收款。

（一）与供应商结算

供应商结算方式可分为账期结算和实销实结。所谓的账期结算是指生产商或批发商在规定时间内给予零售商一定金额的信用额度，零售商在信用额度内不用付款就可以进货，但是在规定时间内必须回款，这个规定时间内的周期就称为账期，零售商的额度和账期一般可以根据合作的情况进行调整，回款信用越好则额度会越大。账期结算可以使用付款单完成，一张付款单可包含一笔或多笔业务。

付款单可以采取按单支付和不按单支付两种方式，按单支付是指按进货入库单实际金额进行支付；不按单支付是指只输入付款金额，系统按时间顺序自动冲减供应商的应付账款。付款单如图 2-38 所示。

供应商名称：选择要进行结算的供应商。系统列表中会自动列出该供应商应付的一笔或多笔业务单据的账款，业务单据包括供应商相关的进货入库单、采购退货单、其他相关业务单据。

付款方式：可以选择现金、支票等付款方式。

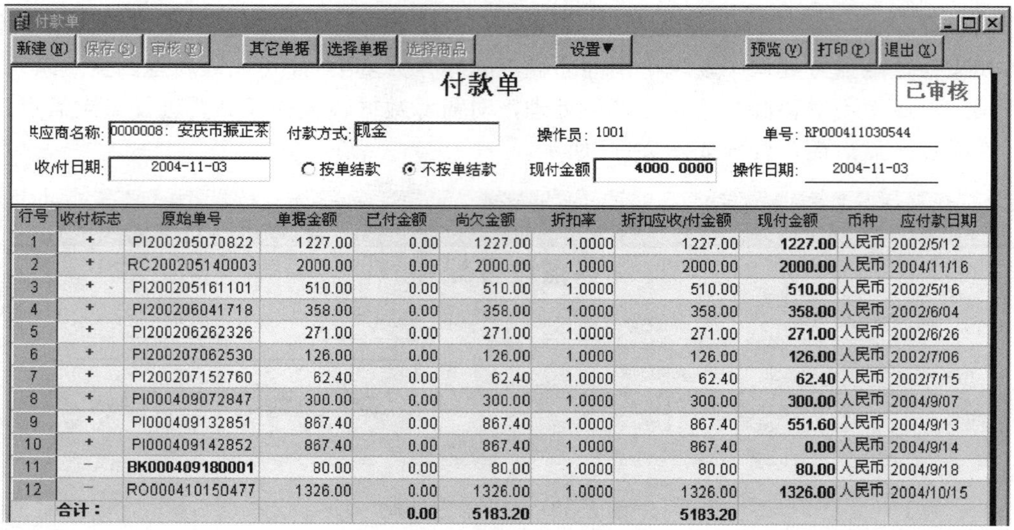

行号	收付标志	原始单号	单据金额	已付金额	尚欠金额	折扣率	折扣应收/付金额	现付金额	币种	应付款日期
1	+	PI200205070822	1227.00	0.00	1227.00	1.0000	1227.00	**1227.00**	人民币	2002/5/12
2	+	RC200205140003	2000.00	0.00	2000.00	1.0000	2000.00	**2000.00**	人民币	2004/11/16
3	+	PI200205161101	510.00	0.00	510.00	1.0000	510.00	**510.00**	人民币	2002/5/16
4	+	PI200206041718	358.00	0.00	358.00	1.0000	358.00	**358.00**	人民币	2002/6/04
5	+	PI200206262326	271.00	0.00	271.00	1.0000	271.00	**271.00**	人民币	2002/6/26
6	+	PI200207062530	126.00	0.00	126.00	1.0000	126.00	**126.00**	人民币	2002/7/06
7	+	PI200207152760	62.40	0.00	62.40	1.0000	62.40	**62.40**	人民币	2002/7/15
8	+	PI000409072847	300.00	0.00	300.00	1.0000	300.00	**300.00**	人民币	2004/9/07
9	+	PI000409132851	867.40	0.00	867.40	1.0000	867.40	**551.60**	人民币	2004/9/13
10	+	PI000409142852	867.40	0.00	867.40	1.0000	867.40	**0.00**	人民币	2004/9/14
11	−	**BK000409180001**	80.00	0.00	80.00	1.0000	80.00	**80.00**	人民币	2004/9/18
12	−	RO000410150477	1326.00	0.00	1326.00	1.0000	1326.00	**1326.00**	人民币	2004/10/15
	合计：			**0.00**	**5183.20**		**5183.20**			

图 2–38　付款单

实销实结可以通过供应商结算来完成，如图 2–39 所示。

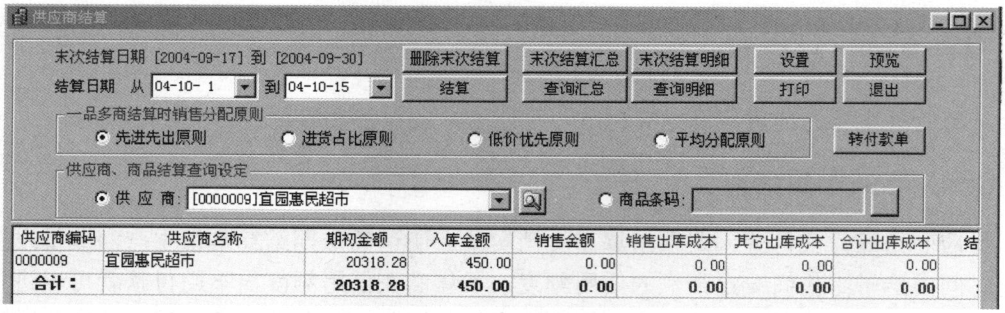

供应商编码	供应商名称	期初金额	入库金额	销售金额	销售出库成本	其它出库成本	合计出库成本	结
0000009	宜园惠民超市	20318.28	450.00	0.00	0.00	0.00	0.00	
合计：		**20318.28**	**450.00**	**0.00**	**0.00**	**0.00**	**0.00**	

图 2–39　供应商结算

对于一个商品多个供应商的情况，商场可以根据以下原则进行结算。

先进先出原则：先供货的供应商先于后供货的供应商结算。

进货占比原则：按供应商供应同一商品的比重进行各供应商的结算。

低价优先原则：按照商品低价优先的原则对供应商结算。

平均分配原则：按照商品销售情况平均对各个供应商结算。

（二）与客户结算

由于批发与客户进行商品结算，收到客户付款时，由做批发业务的用户制作收款单来冲减应收账款，一张收款单可包含一笔或多笔业务。可以选择按单结款和不按单结款，按单结款即按进货入库单实际金额进行结算；不按单结款，只输入结算金额，系统按时间顺序自动冲减客户的应收账款。如图 2–40 所示。

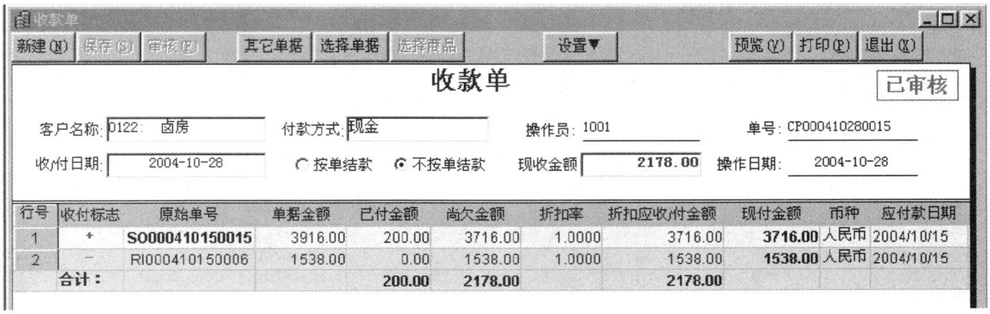

行号	收付标志	原始单号	单据金额	已付金额	尚欠金额	折扣率	折扣应收/付金额	现付金额	币种	应付款日期
1	+	S0000410150015	3916.00	200.00	3716.00	1.0000	3716.00	3716.00	人民币	2004/10/15
2	−	RI000410150006	1538.00	0.00	1538.00	1.0000	1538.00	1538.00	人民币	2004/10/15
	合计：			200.00	2178.00		2178.00			

图 2–40　收款单

商业企业有时会因为市场等因素变动产生差价，扣补款单可以用于记录与供应商结算时的因市场等因素变动产生的扣补差价。如图 2–41 所示。由于品客薯片的价格下调发生对供应商扣账款 200 元制作的扣补款单。

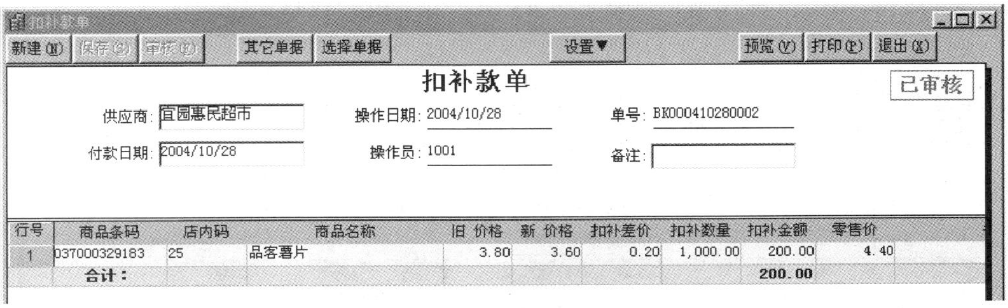

行号	商品条码	店内码	商品名称	旧 价格	新 价格	扣补差价	扣补数量	扣补金额	零售价
1	037000329183	25	品客薯片	3.80	3.60	0.20	1,000.00	200.00	4.40
	合计：							200.00	

图 2–41　扣补款单

六、促销管理

日常的零售特价，是商场的常规武器，如沃尔玛天天平价，每天固定 100 件商品让利特价。促销的主要目的是吸引、刺激和诱导客人消费，提高营业额及毛利额，提高来客数及客单价，控制每周毛利及提高形象（低价形象）。通常的促销方式有零售促销特价、会员特价、固定时间抢购特价、超量购买特价、限量购买特价、促销赠送等。下面逐一进行介绍。

（一）零售促销特价

零售特价可以通过"零售特价单"来实现，选择特价商品，输入特价时间和商品新零售价格即可，如图 2-42 所示。

图 2-42　零售特价单

（二）会员特价单

对于在商品基本信息中定义好的商品会员价，如果该商品会员价发生变动，通过会员特价单来对商品会员价进行调整，如图 2-43 所示。系统一般默认特价期为 1 个月，用户可点击日期项进行修改。

图 2-43　会员特价单

（三）固定时间抢购单

各商业企业，尤其是超市经常对某些商品进行某段时间特价促销，采用固定时间特价的商品，可通过制作固定时间抢购单来实现，如图 2-44 所示。在此时间段内，商品采用特价出售，超出此时间段，商品会自动恢复原价。一个固定时间抢购单中可录入单个商品，也可录入多个商品。

固定时间抢购单惯用于生鲜商品，定义生鲜商品在不同的时间段按不同的价格出售，灵活促销。

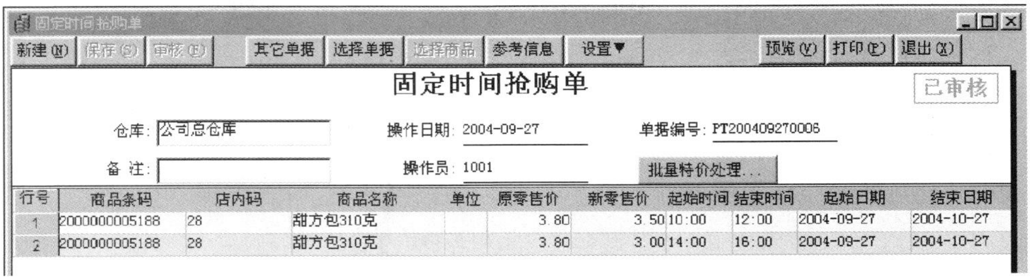

图 2-44　固定时间抢购单

（四）超量购买特价单

商家会对有些商品购买量超过一定数量之后进行特价，可以通过超量购买特价单来实现。设置商品特价起点数量，购买超过起点数量的商品特价出售，如图 2-45 所示。

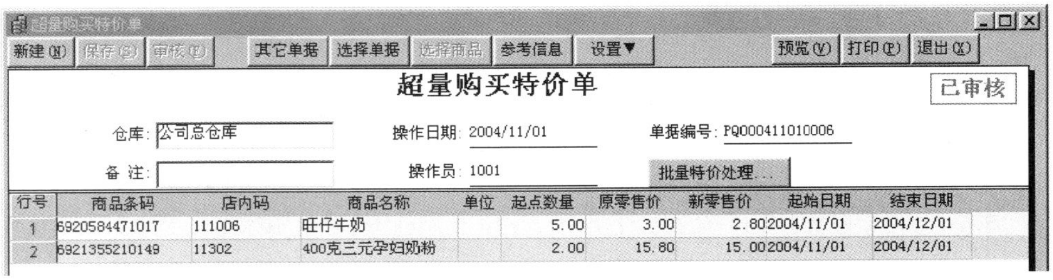

图 2-45　超量购买特价单

（五）限量购买特价单

现代商业超市中，你不会对"每位顾客限购 3 瓶特价苏打水"的招贴广告感到陌生，一些商家会利用"限量购买"效应，诱惑消费者购买超过其实际需求量的商品。美国的一项研究成果表明，"限量购买"能刺激消费者购买超过其平常购买量 2 倍以上的商品。限量购买可以由限量购买特价单来实现，如图 2-46 所示。设置好商品特价限量购买数量，则购买超过限量数量的商品会按原价进行出售。

（六）促销赠送管理

系统可用促销赠送管理实现"买几送几"的商品特价活动。通过建立促销赠送关系，实现购买十个光明皇轩冰淇淋赠送一个亲亲水果幕司的赠送关系。促销赠送管理如图 2-47 所示。

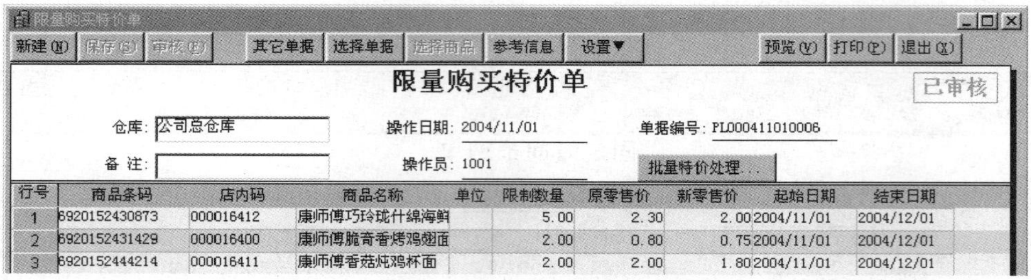

图 2-46 限量购买特价单

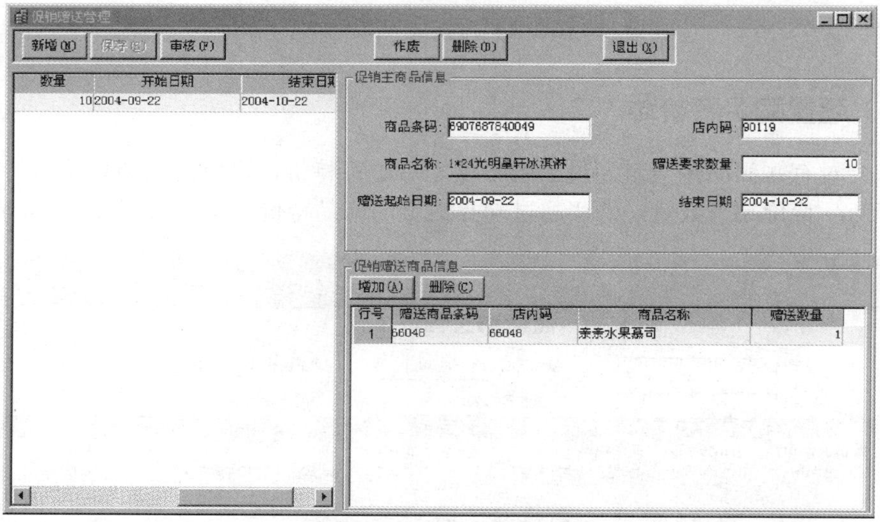

图 2-47 促销赠送管理

以上对各调价方式进行了介绍，由此可见，连锁企业商品需要调价变动，不是在原商品基本资料中更改，需经过一定的调价管理流程来实现。

视野拓展

日本零售业案例：O2O 模式下的零售业曙光

与国内百货行业持续低迷不同，日本的百货行业这两年却迎来了一个小春天。

根据日本百货协会发布的数据显示，2012 年，日本百货行业销售额有 0.3% 的微弱增幅，2013 年，这一数据继续攀升，比上一年增加 1.6%，实现连续两年正增长。这是自 1996 年以来，连续 16 年走低后的首次增幅，日本百货行业开始出现复苏的迹象。

从城市角度来看，东京的销售额增幅 3.5%，大阪的销售额增幅 5.4%，名古屋的销售额增幅 5.2%。由此可见，一线城市的百货商场的销售额增长显著，大幅超过平均水平，而除了日本 top10 的大城市之外，中小城市百货商场的销售额则比上一年减少 1.0%，与一线城市形成鲜明反差。

从商品角度来看，高级手表、珠宝等高端类目的销售额比上一年增长 5.9%，鞋包类目增长 5.0%，衣服类目实现了 0.2%的增长，消费者对中高端消费品的热情是拉动日本百货行业销售提升的重要原因。

综上所述，日本百货行业销售额增幅的主要动力，来自于一线城市大型店中高端消费品的销售增长，高品质、高附加值成为日本百货前进的方向和动力。

2010 年，O2O 开始在日本出现，并形成了一股热潮。毫不夸张地说，对于日本百货行业而言，O2O 无疑是一盏让行业摆脱低迷的明灯。

事实上，O2O 的背后正是消费者消费行为的改变，网络世界和现实世界都是消费者获得商品信息的渠道，消费者开始通过两个渠道获得信息，从而进行比较和结合，为自己提供便利。

而商家钻研 O2O 的手段，则是对消费者行为的进一步开发和诱导。根据日本 Tokyo Agency Inc.提供的《O2O 购物行为报告》显示，在实体店看到心仪的物品后，有 24.3%的消费者会在确认网上信息之后再做进一步决定，偶尔这么做的消费者占到 50.3%，而完全不去网上查询直接做出购买决定的消费者仅为 25.4%。

同样，在网络店铺上看到心仪的物品之后，需要去实体店铺再看看才做出决定的消费者大有人在，经常这么做的消费者占到 18.3%，偶尔这么做的消费者为 53.9%，完全不会这么做的消费者仅仅只有 27.8%。

综上，七成的消费者会同时考虑来自线上和线下渠道的信息，可见，消费者的行为习惯已经逐渐发生了变化。而这正是商家注重 O2O 战略的根本原因。

对 O2O 热潮的理解，日本百货行业早已了然于胸，它们开始思考新议题：怎样才能更多地导入来自线上的流量，将线上和线下进行结合，提升自身的销售量呢？

(改编自：亿欧网)

项 目 小 结

后台管理系统首先要建立所有基本资料的信息库，然后替代手工票据流程，记录每一条信息的流动过程，继而形成相应的统计、查询、分析以供决策，同时以网络形式来管理局域网，甚至广域网中的每台工作站和 POS 机，后台管理是一个商业企业的总信息库和总指挥部。

基本资料的范围包括商品分类、供应商、员工、各门店、商品本身等各个方面。商品的进销存管理是整个商品管理的核心。

项目训练

一、知识回眸

1. 试分析连锁企业怎样引进新品？营销部应做哪些工作？采购部应做什么工作？在系统中应录入哪些基本资料？

2. 在信息系统中如何保存商品信息？应保存商品的哪些属性？

3. 为什么要进行盘点？简述盘点的过程。

4. 客户结算与供应商结算有什么不同？

二、能力提升

1. 学生每三人一组，一人为收银员，其余两人为顾客，收银员站在POS机前为两名顾客结算货款，三人轮流扮演收银员的角色。要求三人谈谈现实生活中的收银员与模拟收银员在步骤、标准用语及相互配合的动作等方面有何不同。

2. 小张在后台做好各种促销单据后，为什么前台销售并没有实现？学生讨论可能出现的问题和存在的原因有哪些。

3. 调查你所熟悉的一家本地超市，说明一下他们经常使用的促销方式有哪些。

连锁企业后台决策与网络支持管理

项目一　后台决策支持系统

学习目标

知识目标：理解连锁企业后台决策支持系统的主要作用及工作原理；
掌握后台决策的基本过程、商务智能、数据仓库、网络信息挖掘等基本概念。
能力目标：学会连锁企业后台决策系统的具体操作方法。

案例导入

万达广场、星巴克等联手腾讯推广免费 Wi-Fi

2014 年 9 月 17 日，腾讯正在参与打造安全 Wi-Fi 服务标准，并宣布与迈外迪、光音网络等国内数家商用 Wi-Fi 服务提供商及星巴克、万达广场等商家成立"腾讯安全 Wi-Fi 联盟"。

该联盟的成立，将加速免费 Wi-Fi 全国布局，助力国家"数字城市"战略同时，期望由此逐步规范免费 Wi-Fi 服务接入标准，为网民提供随时随地安全上网的 Wi-Fi 服务。

腾讯移动互联网市场部副总经理陈濮介绍，基于腾讯安全开放平台，联盟打通了电信运营商、商用 Wi-Fi 运营商、商家等产业链资源，而腾讯手机管家将建设统一的安全 Wi-Fi 服务标准，用户可通过腾讯手机管家接入 Wi-Fi 网络。

具体来说，装有腾讯手机管家的手机可以自动搜索和连接识别为安全的 Wi-Fi 热点，并实现免鉴权一键连接。并且，用户在联盟认证下的 Wi-Fi 热点区域可以获得真假热点识别、数据传输加密保护和 DNS 保护等服务。

据悉，迈外迪、光音网络、维盟、潮 Wi-Fi 等国内商用 Wi-Fi 服务提供商已加入该联盟，使得免费 Wi-Fi 网络的覆盖范围得以延伸得更广。该联盟已经实现了对 1 万多家商场超市，1.5 万多家咖啡馆，3.5 万多家餐厅，以及 45% 以上的机场和火车站的 Wi-Fi 覆盖。

此外，陈濮表示，腾讯将会对联盟成员开放腾讯安全能力。联盟也将接入应用宝、浏览器、微信和手机 QQ 等腾讯旗下流量入口。

（资料来源：http://www.linkshop.com.cn/web/archives/2014/301203.shtml）

一、决策支持系统概述

连锁企业后台决策支持系统通过对前台 POS 系统、总部管理系统、物流配送系统等大量原始数据的采集、整理、分析，实现对连锁企业经营决策的支持。随着社会经济的飞速发展，连锁企业的经营者和管理者面临越来越多的大型的复杂结构的决策问题，这些决策问题涉及多个领域的专业知识，以连锁企业内部和外部的各种信息为基础，连锁企业的决策结果的产生要求快速、准确。为了适应市场竞争和提高企业效益的需要，连锁企业越来越注重市场预测和企业内部资源的优化利用。在运筹学、数理统计、人工智能等新方法、新技术的推动下，连锁企业的后台决策支持系统在连锁企业经营管理中得到了广泛的应用。

（一）决策支持系统的概念与发展

决策支持系统（decision supporting system，DSS），是以管理科学、运筹学、控制论和行为科学为基础，以计算机技术、仿真技术和信息技术为手段，针对半结构化的决策问题，支持决策活动的具有智能作用的人机系统。如图 3-1 所示，该系统能够为连锁企业决策者提供决策所需的数据、信息和背景材料，帮助明确决策目标和进行问题的识别，建立或修改决策模型，提供各种备选方案，并且对各种方案进行评价和优选，通过人机交互功能进行分析、比较和判断，为正确决策提供必要的支持。

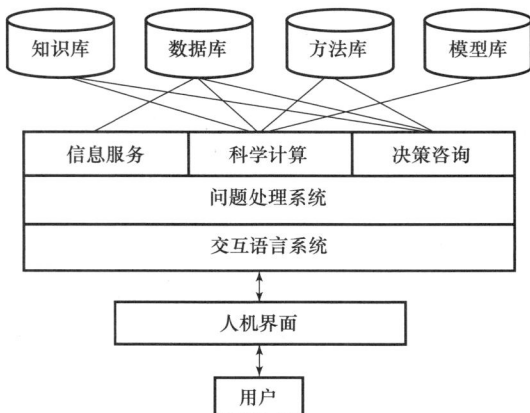

图 3-1　决策支持系统（DSS）结构

连锁企业决策支持管理系统可以实现系统的主要参数设置、账户管理、局域网管理、前台操作记录、后台工作日志管理、系统数据管理、数据查询等功能，它是连锁企业信息系统的重要组成部分。它的最主要的作用是能对系统储存的大量数据进行实时分析，支持中层和高层管理人员根据分析的结果进行管理和决策，从而减少成本和提高效益。

（二）决策支持系统中的主要技术

决策支持系统对数据的使用是非结构化的，它的一次查询操作要涉及上百张表的上千行数据，复杂的表连接会严重影响系统的性能，而且用户仅仅在分析的时候才开始查找有关数据，查找条件是随机的，因此基于事务型数据库的决策支持系统的数据分析能力很有限。目前，基于数据仓库的决策支持系统的决策技术包括联机分析处理（online analytical processing，OLAP）和数据挖掘（data mining，DM），在决策支持系统环境中数据仓库直接为联机分析处理和数据挖掘提供数据能力。

1. 数据仓库

数据仓库（data warehouse，DW）是面向主题的、集成的、包含历史数据的、数据相对稳定的用于支持决策制定过程的数据集合。它有以下几个特征。

1）面向主题

所谓面向主题，主要是针对操作型环境而言的。在联机事务处理环境（OLTP）中，由于数据的组织是面向应用的，强调业务处理的速度和准确性，OLTP 数据库一般用来存放企业某个子集的信息。这必然造成一个完整客观实体的数据分散在不同的数据库模式中，进行综合统计分析异常困难。数据仓库的数据必须完整地表现每一个客观实体各个方面的信息，即必须面向主题来组织数据。

2）数据仓库的数据集成

数据仓库是面向主题来组织数据的，必须包含所有相关事务处理系统的数据，然而数据仓库中的数据不是各个事务处理系统数据的简单堆积。由于各个数据源中的数据面向不同应用、具有不同的数据结构、甚至可能跨越不同的操作系统平台，而且数据仓库中为了提高查询反应速度，存储了大量的统计结果，因此从各个数据源抽取数据到数据仓库时，必须要经过统一与综合。

3）包含历史数据

系统为了提高业务处理速度，只存放当前数据，而将过期的数据转为历史，并导出当前操作数据库；数据仓库的数据反映的是相当长的时间内历史数据的内容。一般来讲，数据仓库的存储量相当惊人，能够达到数百 GB，甚至几 TB。

4）数据仓库中数据相对稳定

数据仓库的数据供企业决策分析用，主要操作是数据的统计查询，一旦数据从数据源抽取到数据仓库之后，几乎不进行修改。然而数据的稳定并不是说从数据输入到数据仓库到最终被删除的整个生存周期中，数据仓库的所有数据都是不变的。因为随着时间的变化，数据仓库要不断从数据源提取新的数据，增加到数据仓库中，也要将超出生存期的老化数据从数据仓库中删除。

2. 联机分析处理

联机分析处理是针对特定问题的联机数据访问和数据分析而产生的一种技术，它满足决策支持系统从多种角度对数据进行快速、一致、交互的访问分析，克服传统 DSS 交互能力差的弱点，使决策者能够对数据进行深入观察。

联机分析处理是一种多维分析工具，目标是满足经营决策支持或多维环境特定的查询和报表需求，使分析人员、管理人员或执行人员能够从多种角度对从原始数据中转化出来的、能够真正为用户所理解的、并真实反映企业"维"特性的信息进行快速、一致、交互的存取，从而获得对数据的更深入了解。它的技术核心是"维"，因此它是数据仓库中大容量数据得以有效利用的重要工具。

3. 数据挖掘

数据挖掘是指从大量数据中发现潜在的、有价值的以及未知的关系、模式和趋势，并以易被理解的方式表示出来。在决策支持系统中通过进行数据挖掘用以发现数据之间的复杂联系以及这种联系对决策的影响。

数据挖掘是从数据仓库中提取出可信的、新颖的、有效的并能被人理解的模式的高级处理过程。

二、连锁企业后台决策支持系统结构与功能

（一）连锁企业后台决策支持系统的结构

随着信息技术的不断发展，数据仓库和 OLAP 相结合建立的辅助决策系统在连锁企业的经营中得到了普遍的应用。其特点是以数据仓库技术为基础，以联机分析处理和数据挖掘为工具的解决方案。

连锁企业决策支持系统的结构如图 3-2 所示，连锁企业的业务数据库主要是各分散的门店数据、物流配送中心数据及总部财务数据，通过专用数据转换程序把这些数据库中的数据经过抽取、转换、清理，加载到数据仓库中。

其中，数据仓库实现数据的存储、组织、管理，联机分析处理集中于数据的分析，而数据挖掘则致力于知识的发现。在连锁便利店 DSS 中，数据源主要包括商品信息、顾客信息、连锁店信息、供货商信息、销售信息以及一些外部数据。其中销售信息来自连锁便利店业务管理信息系统，外部数据主要包括竞争数据、市场占有率等。这些数据通过清理、抽取、转换后加载到连锁便利店的数据仓库，接着通过联机分析处理与数据挖掘从中得出

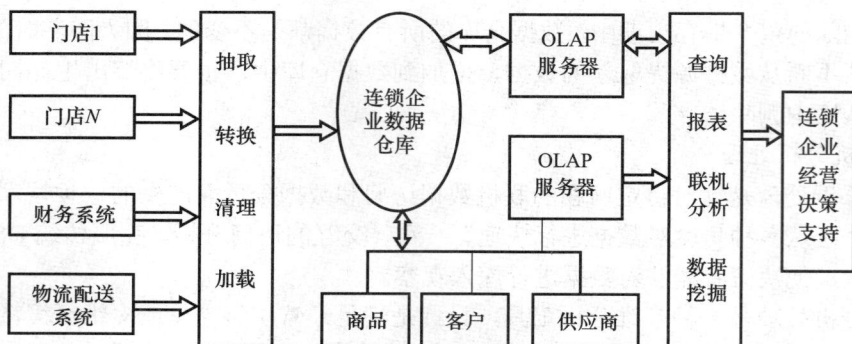

图 3-2　连锁企业决策支持系统的结构

有用的信息、知识。这些信息和知识将通过人机交互界面展现给用户，主要包括用户交互、格式化查询及报表和统计图的生成等。

经营决策支持系统主要有以下几个特点。

第一，分布于各个门店、物流配送中心及总部。数据仓库对不同部门、不同门店数据进行统一收集。直接快速从门店获取最新和最细节的数据，这些原始数据是整个 DSS 系统的数据源泉，保证了数据分析的快速、准确和全面性。

第二，数据仓库对底层数据库中的事务级数据进行集成、转换、清理、综合，重新组织成面向全局的数据视图，仓库数据是 DSS 进行数据组织和存储管理的基础和核心。

第三，联机分析处理从数据仓库中的集成数据出发，构建面向分析的多维数据集市，再使用多维透视工具以不同的视角对多维数据集市数据进行分析、比较、综合，把方法驱动转变为数据驱动，使分析方法和数据结构实现分离。

第四，数据挖掘以数据仓库和多维数据集市中集成数据为基础，发现数据中潜在的知识、模式，并以这些知识、模式为基础进行市场预测。数据挖掘表明，知识隐藏在日积月累的大量数据中，仅靠复杂的算法和推理并不能发现知识，数据才是知识的真正源泉。

（二）连锁企业后台决策支持系统的主要功能

1. 商品管理决策功能

1）门店商品定价与促销策略分析

连锁门店可以根据商品的成本和门店所处的位置，制定商品价格。价格的设定全部由管理信息系统进行控制。而后台决策支持系统可根据市场的变化和竞争的需要，统一分析、规划商品促销活动，制定价格策略，发挥连锁门店的整体规模销售优势。

一般不同门店的固定顾客群体都有一定的差异，所以各门店的畅销商品和滞销商品的类别也不尽相同。同一种商品在不同时段、不同季节的销售情况也有差别，这就要求商品的定价和促销需要与商品销售相适应。连锁门店仅凭观察、直觉和经验对商品进行定价和促销活动的调整，效果往往并不理想，行为滞后，导致门店很难做出合理的预测。通过后台决策支持系统对门店进行销售数据分析，可以获得准确的商品销售数据，及时做出价格的合理调整和及时的促销活动。

2）门店商品结构及布局策略分析

通过后台决策支持系统，连锁企业门店可根据商品销售分析情况及时调整商品品类结构，保证畅销商品库存，减少滞销商品库存。另外，通过后台决策支持系统，挖掘潜在的畅销商品及未来会畅销的商品品类，做到提前上架，并根据销售情况、促销的需要或季节的变化，合理布局，发挥门店货架布局的最佳效能。

3）门店商品的相关性分析

通过后台决策支持系统还可以分析出连锁门店不同商品、同一顾客一起购买的概率。通过对商品销售品种的活跃性分析和关联性分析，建立商品设置的最佳结构和最佳布局。

2. 销售管理决策功能

1）销售分析与预测

连锁企业信息高度密集，更新迅速，门店各类数据的及时采集和分析极为重要。连锁企业建立数据仓库后，对门店的销售数据进行统计分析，其结果可以作为连锁企业商品采购、库存管理、供应商选择、商品结构调整，甚至商品陈列、货架安排等管理的重要依据。利用销售数据，还可以进行对比分析、趋势分析、贡献度分析、因素分析、预测分析等各类销售指标的分析。

2）销量统计

通过对销售业绩数据的即时分析，建立销售预测模型，使连锁企业管理人员能够针对每一种商品、每一类别的商品、每个分店销售情况、商品的市场占有率、盈利情况进行分析预测，对员工进行销量统计、销售业绩分析。

3）促销活动的有效性分析

连锁门店常常通过广告、优惠券、各种折扣和让利的方式进行促销活动，以达到促销产品，吸引顾客的目的。但只有充分了解客户，才能准确定位促销活动，提高客户响应率，降低促销活动成本。通过多维分析可以对比促销期间的销售量和交易数量与促销活动前后的有关情况，关联分析可以挖掘出哪些商品可能随促销商品一同被购买。利用数据挖掘技术还可以分析出应该在什么时间、在什么地点、以何种方式和对什么样的人搞促销活动，能真正达到促销目的，避免企业资源的不必要浪费。

3. 库存管理决策功能

1）商品数据的处理与分析

商品数据包括数量数据和属性数据。数量数据主要包括商品入库数据、商品出库数据、商品盘存数据等。属性数据主要包括商品编号、名称、分类、保质期等属性。这些数据通过连锁企业已有的数据库（如库存管理系统、进销存系统或财务系统），通过抽取、转换和加载，即 ETI 过程，按时间序列合并到数据仓库中，从而得到连锁企业库存数据的一个全局视图。

2）库存商品的销售预测

连锁企业的库存和销售密切相关。通过销售来预测合理计划库存至关重要。销售预测根据预先设定的基本预测模型（包括指数平滑法、移动平均法、回归分析等方法），考虑多种因素（如天气变化、季节变化、节假日等），结合数据仓库的历史数据，对阶段总需求、日需求、需求量趋势等进行预测，为库存决策提供必要的需求量数据。

3）反映统计库存状况和销售状况

此功能主要用于各种查询和统计功能的设计，同时为商品分类提供参考。系统除为连锁企业提供库存决策之外，还为供应链合作方提供库存信息和产品销售信息。系统能随时对某种商品进行存储量检查，对超出最大存储量和低于最低存储量商品给出安全报警，产生报表。系统还可随时统计和查询任意时间段的出入库商品数据、现有库存量及其相应资金，还可查询商品的性能特点和进货情况。

三、连锁企业后台支持部门的组织结构

（一）连锁企业后台支持部门组织发展阶段

连锁企业后台支持部门属于连锁企业的信息技术（IT）部门，发展一般经历了从无到有、从小到大的过程。按照部门组织结构的差异，连锁企业决策支持部门的发展大致经历了三个阶段。

1. 附属阶段

20 世纪 70 年代，连锁企业的后台支持部门为企业中其他部门提供信息系统和计算机硬件方面的技术工作提供支持。当时来说后台支持部门在整个连锁企业中的地位比其他业务部门低。在企业内部组织结构上，是在连锁企业的信息系统部门下面。其职能主要是安排人员进行数据、系统处理，工作任务和工作目标相对单一。

2. 独立阶段

随着计算机和网络信息技术的快速发展，连锁企业信息管理系统在连锁企业各个部门之间的应用越来越多，信息技术部门对系统的维护工作量也与日俱增。为了提高效率，连锁企业开始将进行系统维护的专业人员集中到一起，成立一个单独的后台支持部门，不再从属于连锁企业的信息系统部门，集规划、开发、维护等多种职能于一身。后台支持部门中的专业人才逐渐增多，部门实力得到极大的增强，可以进行信息系统的全过程开发工作、信息系统运行维护工作、未来企业信息系统建设的规划管理工作，使系统和企业的业务流程更好地结合在一起。

3. 中心阶段

随着连锁企业各部门收集、存储的数据越来越多，这就需要加强后台支持部门和各业务部门之间的有效沟通，使企业各部门可以共享所有的信息资源。因此，后台支持部门肩负起企业信息化的管理规划工作，独立在其他业务部门体系之外。后台支持部门的人员中也出现了许多管理信息系统的专业人员，其主要工作是主导企业进行流程变革、依靠信息技术的应用来为企业取得战略竞争优势，此时连锁企业信息化的硬件设施和软件的维护工作由外包企业完成。

后台支持部门建设是连锁企业信息化建设的重要步骤，是连锁企业信息化的关键。连锁企业的后台支持部门在日常工作中，既要面临各种技术方面的问题，也要面临与其他部门打交道而带来的沟通、组织协调等问题。结合国外连锁企业后台支持部门的构成和我国连锁企业现状，目前有两种连锁企业后台支持部门组织结构比较适合实际需要。

（1）单独成立一个企业信息化的领导小组，由企业最高信息主管负责，其他部门负责人均为此小组成员，下设后台支持部门，具体负责企业信息化建设工作，后台支持部门与其他部门平级。

（2）在连锁企业中建立企业信息化中心，定位高于其他业务部门，并在各部门之间设立首席信息官（chief information officer，CIO），首席信息官（CIO）通过企业内部网络直接将各部门的信息反馈到企业信息中心。信息中心综合各种信息协调企业各部门之间的业务关系。

（二）如何加强连锁企业后台支持部门的作用

加强连锁企业后台支持部门作用可以通过以下几个途径来实现。

1. 明确企业管理目标

后台支持部门属于企业信息化的一部分，应服务于连锁企业管理目标。后台支持部门建设既要考虑连锁企业的当前情况，也要满足连锁企业发展并适应业务变化的要求。后台支持部门规划的运作一般分为四个步骤，即后台支持部门战略分析、能力分析、方案制定和方案实施。

2. 明确后台支持部门职能

早期的后台支持部门作为企业的一个技术部门，常以"计算机中心"等形式出现。后台支持部门往往是根据业务建设的，来完成相应的技术服务工作。虽然也可能是一个独立部门，但由于没有被赋予必要的决策职能，其地位和作用远不如业务部门。

随着信息化发展，连锁企业的决策越来越依赖对连锁企业内外信息进行深层次加工处理。而完成这一任务必须要掌握海量的信息，除后台支持部门外，任何一个部门都不具备该实力。此时的后台支持部门拥有连锁企业的大量信息资源，能够主动分析加工，促进信息分析与商品营销同步，后台支持部门的职能转变为企业的"决策中心"。这一职能表现在如下 3 个方面：

（1）根据信息化系统要求制定连锁企业管理规范；

（2）建立知识管理中心，利用连锁企业信息资源，服务于连锁企业发展；

（3）分析信息数据，为连锁企业提供决策依据。

3. 提高人才综合素质

连锁企业后台支持部门职能的转变对后台支持人员的综合素质有了更高的要求。连锁企业对后台支持人员素质的要求已由原先的专业单一型向素质复合型转变。后台支持人员不仅要懂技术，还要懂管理。随着后台支持项目的复杂性越来越强，连锁企业对后台支持人员的需求标准正在发生变化。目前，仅仅停留在软件开发技术层面的人才已渐渐落伍，技术的实用性、应用性、时代性、可持续性、文化的多元性等特性已经逐渐受到连锁企业关注。在这种趋势之下，那些只掌握单一 IT 技术的人，发展空间将越来越小。

对后台支持人员来说，除了参加专业培训外，还需要补充所从事行业的专业知识。专业知识的获取可以通过各类培训进行，最好是能够通过连锁企业自己进行。例如，沃尔玛在信息化工作中，后台支持人员在进行系统规范制定、设计和分析之前，要先参与具体职能工作。沃尔玛的后台支持人员实实在在地在工作业务中担任角色，从而在本质上增加了对业务的理解。

4. 建立标准化体系

行业标准化工作涉及的领域越来越广泛，在经济全球化步伐加快的时代，它是连锁企业能否拓展业务范围的重要手段。与连锁企业相关的标准可以分为国家标准、行业标准和强势标准三种。

目前，我国连锁企业相关的国家标准体系的建设还很不完善，主要有《商品条码零售商品编码与条码表示》（GB 12904–2008）和《商品条码储运包装商品编码与条码表示》（GB/T 16830–2008）。在连锁企业间信息交换流程标准、物流信息平台应用开发、数据传输、通用接口、用户管理等方面的标准规范还十分缺乏。同时在应用推广上，普及程度也相当低，以《商品条码储运包装商品编码与条码表示》（GB/T 16830–2008）为例，应用正确率还不足 15%。

5. 加强信息基础设施建设

连锁企业后台支持部门的建设还需要加强信息基础设施建设。这些设施包括 IT 硬件设施和软件设施，其中硬件设施可以购买，在日常工作中可以维护，而软件设施还有更新换代的问题。常见的软件系统有销售点系统、电子订货系统等。

视野拓展

决策支持系统（DSS）与管理信息系统（MIS）

决策支持系统（DSS）与管理信息系统（MIS）是计算机应用于管理工作的两个不同的

发展阶段。DSS 实质上是在 MIS 基础上进一步发展的产物。MIS 是完成例行的日常任务的信息处理系统，它可以部分地取代人的劳动；而 DSS 是辅助不同层次管理人员的决策活动，一般不取代人的劳动。MIS 与 DSS 之间既有区别又有联系。

1. 决策支持系统（DSS）与管理信息系统（MIS）的区别

决策支持系统（DSS）所追求的目标是高效能，侧重点在于在经营管理活动中想办法把事情办得尽可能好一些，以提高企业经营决策的能力和效果。管理信息系统（MIS）追求的目标是高效率，侧重点在于设法将事情办得快一些，以提高管理水平。

决策支持系统（DSS）着重决策，考虑如何根据决策问题的需要，为决策者提供有价值的信息。而管理信息系统（MIS）着眼于信息，即着重考虑如何完成例行业务活动中的信息处理任务。

决策支持系统（DSS）的设计思想是实现一个具有巨大发展潜力的、适应性强的开发系统。管理信息系统（MIS）的设计思想是实现一个相对稳定协调的工作系统。

决策支持系统（DSS）的设计原则是强调充分发挥人的经验、智慧、判断力和创造力，努力使系统设计有利于个人或组织决策行为的改善。管理信息系统（MIS）的设计原则是强调系统的客观性，努力使系统设计符合组织的实际情况。

决策支持系统（DSS）是以问题驱动的，重视解决问题的决策模式的研究与模型的使用，并且侧重采用以用户参加为主的、自适应设计、非线性的方法。管理信息系统（MIS）的设计方法是以数据驱动的，通常以数据库设计为中心，并且强调采用线性的设计方法、结构化的设计方法。

决策支持系统（DSS）能够帮助解决的，是半结构化和非结构化的决策问题，并且人机对话是系统工作的主要方式。管理信息系统（MIS）只能解决结构化的决策问题，并且人工干预日趋减少。这一点是 DSS 与 MIS 的主要区别。

2. 决策支持系统（DSS）与管理信息系统（MIS）的联系

MIS 系统搜集、存储及提供的大量信息是 DSS 系统工作的基础。而 DSS 系统能使 MIS 系统提供的信息真正发挥作用。经过 DSS 系统的反复试用，新的数据模式与问题模式将逐步明确起来并逐步结构化，最后纳入 MIS 的工作范围。MIS 系统担负着系统反馈信息的任务，支持 DSS 进行效果检验。DSS 系统的工作包括了对 MIS 系统的审计和检查，为改善和提高 MIS 系统指明了方向。

因此，以集中完成基础数据管理工作的 MIS 系统为基础，可建立起以各种不同类型决策问题为服务对象的 DSS 系统，这样的信息系统将能够真正有效地满足系统的各级信息需求。从根本上来说，决策支持系统主要是在支持决策的能力上的突破。它的结构能使计算机加工信息的能力与决策者的思维、判断能力结合起来，从而解决更为复杂的决策问题。在整个决策过程中，无论在范围上还是在能力上，DSS 系统都是管理人员的大脑的延伸。它帮助管理人员提高了决策的有效性。但 DSS 系统只能起到支持作用，而不能起到代替作用，因此它只是由管理人员或决策者控制下的一个辅助决策的工具。它不需要预先指定目标，自动完成全部决策过程，而中介通过人机对话方式帮助决策者解决所面对的复杂的半结构化和非结构化决策问题。显然，结构化的决策问题完全可以按例行的规定方法处理，无须 DSS 系统帮助。对于完全非结构化的决策问题，因为没有基本模式，一般的 DSS 系统也难以帮助决策者。对于非结构化的决策问题，必须借助于包含人工智能技术的 DSS 系统（智能型决策支持系统，IDSS）帮助决策者，用探索方式解决。

由于实际工作中的种种复杂情况，DSS 系统与 MIS 系统的功能往往难以截然分开。例如，某个库存管理系统中既包括日常报表的生成，又包括库存资金的分析预测，实际是 DSS 系统与 MIS 系统两者功能的结合。由此可见，DSS 系统与 MIS 系统不仅有着密切的渊源关系，而且它们在各自的发展中必将相互补充和促进。

项目小结

项目介绍了后台决策支持系统的概念与发展及其主要功能，介绍了连锁企业后台支持部门的组织结构。

项目训练

一、知识回眸

1. 连锁企业后台决策支持系统的主要功能有哪些？
2. 如何加强连锁企业后台支持部门的作用？
3. 后台的工作日志有什么作用？
4. 为什么要备份系统中的各种数据？

二、能力提升

学生二到三人为一组，对系统进行设置，包括系统的一般设置、业务设置、储值卡设置、库存报警设置、成本计算方法设置等。学生演练数据备份和恢复方法，体会其含义。

项目二　网络支持管理

知识目标：掌握连锁企业配送中心与门店的网络系统结构；
　　　　　了解管理信息系统的网络通信方式。
能力目标：掌握管理信息系统的操作系统平台、数据库系统和开发语言。

案例导入

合家福超市信息管理经验谈：信息技术让超市长袖善舞

　　合家福超市是安徽省一家上市公司，隶属于全国零售商业百强之一的合肥百货大楼集团股份有限公司。经过 6 年发展，合家福已遍布安徽多个地区。合家福在合肥、芜湖、蚌埠、六安等地共开设大型综合购物广场 8 家、社区超市 49 个，总经营面积超过 12 万平方米，连续 4 年销售业绩增幅均超过 60%，销售额、利税总额等各项经营指标均名列全省超市业前列。初步实现了"立足合肥、覆盖全省"的战略目标，为下一步"辐射全国"打下了良好的基础。但随着公司规模不断扩张，公司内部的管理越来越难以跟上扩张的步伐，成为公司进一步发展连锁经营的瓶颈。

　　从 2000 年起，合家福超市开始与北京长益科技公司共同研发和建设自动化信息管理系统，并在以后的长期合作中不断进行了完善。经过一段时间的实施后，信息管理系统在超市管理中发挥了无可替代的作用，主要体现在以下几个方面。

　　首先，保证了业务数据处理的及时、准确。信息管理系统实施以后，通过信息软件的开放接口，将 POS 机数据及时处理并传递到信息软件系统中，无论有多少商品、当天有多少交易额，只需要通过接口程序，当天的商品交易情况、商品是否适销、交易额的汇总、交易数据的分析就能轻松解决。

　　其次，报表出具准确、及时。信息管理系统实施以后，只需要起初设置好每个门店的报表公式和合并报表的流程，当月工作一结束，门店的报表和公司的合并报表就可以及时出具，而且数据准确。

　　最后，强大的查询及信息共享。信息管理系统通过其强大的基础管理系统，能够将企业所有信息（供应商、商品、人员等）进行统一、集中管理，企业决策层和部门所需要的资料都可以在信息平台上查询到，真正做到了信息共享。

　　此外，信息管理系统显著提高了工作效率。随着信息管理系统的实施，通过其先进的管理理念、规范的工作流程逐步优化和固化合家福的工作流程，通过流程的优化和固化减少了部门或人员间的"踢皮球"现象，同时裁减企业多余的人员，达到了提高工作效率，降低企业经营成本的目的。

　　总之，新的信息管理技术使合家福更加长袖善舞，降低了管理成本、提高了管理效率，打破了公司发展中所遇到的瓶颈。

（改编自：联商网）

　　连锁企业中不仅要求采用计算机等高新设备替代传统的手工操作，而且需要将分布在不同地点的计算机连接起来形成网络，以实现各种数据的及时传输，信息的相互沟通和资源共享。因此，现代连锁企业的计算机管理必然离不开计算机网络。

一、配送中心网络结构

　　连锁企业配送中心的职能是以连锁企业门店销售商品的物流管理为对象，对连锁企业门店销售商品的到货、验货、储存流通加工、配货、配送等进行管理，使商品合理、经济、快速、准确地提供给连锁企业的各个门店，配送中心网络结构如图3-3所示。通过集线器连接服务器、各工作站及其他设备构成一个计算机局域网系统。其中，服务器是整个系统运行效率和性能的核心设备，应根据业务量的大小进行选配。当门店数量较多时，信息系统的数据量和工作量迅速增大，就需要采用高性能微机或中小型机并外接阵列磁盘柜作主服务器。为了与门店和总店的计算机系统进行连接，还需设置通信服务器，通过互联网或数据专线实现数据的及时传送。此外，为共享打印各种数据信息，还应配置打印服务器及各种打印机，包括票据打印机、高速打印机及专用条形码打印机等。

二、门店网络系统结构

　　连锁企业的门店是直接面向顾客进行销售的部门，计算机门店系统根据门店规模分成

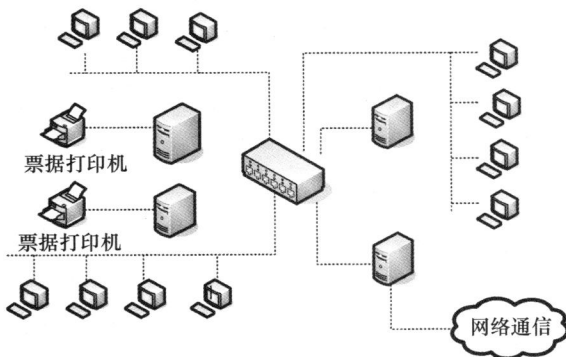

图 3–3　连锁企业配送中心网络结构图

两种结构：局域网系统和单 POS 系统。

1. 局域网系统

大多数门店有多台收银机同时工作，这时可将这些收银机和服务器及其他计算机连接，构成门店局域网，如图 3–4 所示。每个收银点配备一台收银机，作为一个收银机工作站，进行前台销售，服务器和计算机工作站用于后台管理及提供网络服务并负责与配送中心和总店进行通信及数据交换。数据通信方式有多种不同的选择。如公共电话数据交换，速度较慢，适用于规模不大，并对实时性要求不高的中小型门店。ISDN 为综合业务数字网，可同时进行数据传送和话音通信，速率最高可达 144 kbps。ADSL（不对称数字用户环路），它采用一种新的调制解调器技术，将现有的双绞线电话线转换为能传输多媒体信息的高速数据通信线路，其上行速率可达 640 kbps，下行速率高达 6 Mbps。在传送要求很高的情况下可考虑数据专线方式，它具有高速、稳定、可靠的特点，但费用较高，适合数据量大，实时性要求很高的大型门店使用。

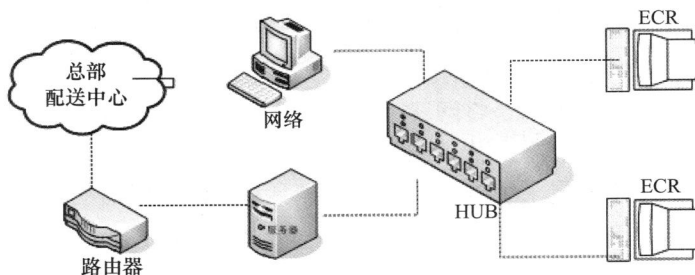

图 3–4　连锁企业门店局域网络

2. 单 POS 系统

如图 3-5 所示的是一种最简单的门店系统，由一台电子收银机及相应外围设备、调制解调器和电话线组成。这种单 POS 系统适合商品数量不多、规模较小、对数据传送的实时性要求不高的门店，多采用调制解调器和电话线进行上传或下载。但由于是单机实时销售，所以对设备的可靠性要求较高。

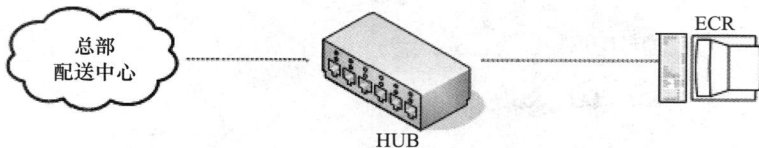

图 3-5 门店单 POS 系统

三、网络设备及通信方式

（一）网络设备

1. 网络服务器

服务器是为网络提供资源，并对这些资源进行管理的计算机。网络服务器可以是高性能的微型机、中小型机或大型主机。不管选用哪种设备，服务器都必须具备一定的通信处理能力、快速访问能力和安全容错能力。文件服务器的主要功能就是管理网络文件系统、处理网络通信、并向工作站用户提供网络文件共享服务。如网上文件的查询、运行传输和复制等。

2. 网络工作站

网络工作站是用户使用网络访问共享服务器资源的一个站点，实际上就是一台联网的计算机。通过通信电缆将一个个工作站和服务器按一定拓扑结构连接起来构成网络。工作站是一般用户前台操作的网络设备，而服务器是网络管理员进行后台管理、服务的网络设备。

3. 集线器

集线器也称 hub，它的作用是将网段上的各个介质有机地连在一起，各个站点通过集线器互相连接。其优点是当网络上某条线路或站点出现故障时，不会影响网络上其他站点的正常工作。交换式集线器属于智能集线器，除了具有有源集线器的功能以外，还具有智能路径选择和一定的网络管理功能。

4. 传输介质

传输介质是数据传输的物理通道。计算机网络中采用的传输介质可分为有线和无线两大类。同轴电缆、双绞线和光纤是三种常用的有线传输介质。无线传输是指在自由空间中进行的电磁波或光波的传输，无线传输的介质通常是一个开放的空间，它的传输有微波传输、红外线传输等多种方法。

1）同轴电缆

同轴电缆由内外两个导体组成，内导体可以是单股实心线或胶合线，外导体一般用金属编织网编织而成。内外导体之间填充绝缘材料，最外面裹着一层保护套。

2）双绞线

双绞线由两根绝缘金属线缠绕而成。双绞线的价格便宜，安装方便，故使用十分广泛。

3）无线传输

计算机网络系统中的无线传输主要指微波传输，分地面和卫星两种方式。一般微波直接传输数据信号的距离在公里范围内，为使传输范围增大需要设置信号中继站。微波传输的特点是通信容量大、受外界干扰较小，但保密性差。地面微波传输是利用地面中继系统在地面设置中继站，这种系统在传输质量和传输范围等方面都不如卫星系统。卫星传输能覆盖地球表面，且通信成本与通信距离无关，适用远程网或交通不便地区联网。

（二）通信方式

1. PSTN

利用公用电话交换网 PSTN（public switched telephone network）进行数据传送，尽管速度较慢，要占用一条电话线路，但设备简单，使用方便。

PSTN 对于联机事务处理（online transaction processing，OLTP）图像、大容量文件的传送并不适合。这从等待时间及长时间传送所需花费看都可能是无法接受的。但对于一般要求不高，平均传送数据量不大的其他应用，是可以选择的一种通信方式。用户应根据性能、成本等综合进行考虑。

2. DDN

数字数据网 DDN 是英文 digital data network 的缩写，这是随着数据通信业务发展而迅速发展起来的一种新型网络。DDN 的主干网传输媒介有光纤、数字微波、卫星信道等，用户端多使用普通电缆和双绞线。DDN 将数字通信技术、计算机技术、光纤通信技术以及数字交叉连接技术有机地结合在一起，提供了高速度、高质量的通信环境，可以向用户提供点对点、点对多点透明传输的数据专线出租电路，为用户传输数据、图像、声音等信息。

3. PON

无源光网络 PON（passive optical network）技术是一点对多点的光纤传输和接入技术，下行采用广播方式，上行采用时分多址方式，可以灵活地组成树形、星形、总线形等拓扑结构，在光分支点不需要节点设备，只需要安装一个简单的光分支器即可，具有节省光缆资源、带宽资源共享、 节省机房投资、设备安全性高、建网速度快、综合建网成本低等优点。

4. ADSL

ADSL（asymmetric digital subscriber line）被称为不对称数字用户线，是一种通过现有普通电话线为家庭、办公室提供宽带数据传输服务的技术。ADSL 技术的主要特点是可以充分利用现有的电话线网络，在线路两端加装了 ADSL 设备即可为用户提供高宽带服务。ADSL 的另外一个优点是：它可以与普通电话共存于一条电话线上，电话接听、拨打的同时提供高宽带服务。

5. 无线通信

随着通信事业的高速发展，无线数据通信已经逐渐发展称为一种重要的通信方式。无线通信技术不仅可以作为有线数据通信的补充和延伸，而且还可以与有线网络环境互为备份。在某些特殊环境下，无线通信是主要的甚至是唯一可行的通信方式。

视野拓展

沃尔玛的信息化之路

沃尔玛从 Sam Walton 于 1962 年在美国 Rogers，Arkansas（阿肯色州）开设第一家商店开始，至 2003 年 1 月沃尔玛已经成为拥有雇员 100 万名，年销售额 2 445 亿美元的世界上最大的超级零售集团。2002 年，在《财富》全球 500 强中沃尔玛以 2 180 亿美元的销售额名列第一位，成为全球最大的公司。在沃尔玛庞大的集团式购销网络中，以卫星通信和电脑管理所代表的信息化高科技联络方式起着举足轻重的作用。全世界零售业的同行都知道沃尔玛的信息系统是最先进的，其主要特点是：投入大、功能全、速度快、智能化和全球联网。

早在 1969 年沃尔玛就使用计算机跟踪存货，1974 年公司开始在其分销中心和各家商店运用计算机进行库存控制，20 世纪 70 年代沃尔玛建立了物流的管理信息系统，这个系统负责处理系统报表，加快了运作速度。1983 年，沃尔玛的整个连锁商店系统都用上条形码扫描系统，在各商场的信息采集使用 POS 机，就是销售始点数据系统。1984 年，沃尔玛开发了一套市场营销管理软件系统，这套系统可以使每家商店按照自身的市场环境和销售类型制订出相应的营销产品组合。1985 年建立了 EDI，即电子数据交换系统，进行无纸化作业，所有信息全部在电脑上运作。在 1985 年至 1987 年之间，沃尔玛安装了公司专用的卫星通信系统，该系统的应用使得总部、分销中心和各商店之间可以实现双向的声音和数据传输，全球 4 000 家沃尔玛分店也都能够通过自己的终端与总部进行实时的联系。1988 年沃尔玛又在零售业中最早使用了无线扫描枪。

沃尔玛是使用海量数据挖掘来转变供应商关系的先锋。从沃尔玛几千家商场的 POS 机获取的交易信息不间断地传送到沃尔玛的数据仓库。沃尔玛允许 3 500 家以上的供应商访问数据仓库的相关产品并进行数据分析。这些供应商使用数据来辨识顾客购买模式。他们使用这些信息获取管理当地商场库存以及辨别各种新的商业机会。在 1995 年，沃尔玛的计算机系统就处理了 100 多万个复杂数据查询。1997 年 1 月，使用决策支持软件精简季节性的仓储物品，并且建立更为精确的预测模型用于辅助补货系统。同年 7 月将名为安全电子交易（secure electronic transaction）协议的新安全机制用于支付卡并在沃尔玛在线商店中使用。现代通信技术的应用，使沃尔玛极大地提高了企业的运行效率。

请根据阅读内容就以下问题展开讨论。

1. 网络支持为沃尔玛带来了哪些效益？

2. 参照沃尔玛的信息化历程，分析信息化对连锁企业的作用和意义。

3. 比较我国连锁企业网络支持水平的差异，分析我国连锁企业网络支持所处的阶段及发展方向。

项目小结

项目主要介绍了连锁企业中的网络结构、网络通信方法。连锁企业中不仅要求计算机等高新设备代替传统手工操作，而且需要将分布在不同地点的计算机连接起来形成网络，以实现数据的及时传输、信息的相互沟通和资源共享。

项目训练

一、知识回眸

1. 门店的网络系统有几种结构？各有什么特点？

2. 连锁企业采用的通信方式有哪些？未来的发展趋势是什么？

3. 信息技术在连锁经营管理中的作用体现在哪些方面？

二、能力提升

1. 学生分组对本项目介绍的通信方式做一个调查比较，主要对它们的便捷性、通信效率、费用、适用情况等方面做出比较，并表明数据或资料来源。

2. 实地调查周边地区的一个配送中心或连锁门店，对其网络结构进行了解，并绘出网络结构图。

项目三　连锁店 POS 机的使用与维护

学习目标

知识目标：熟悉 POS 机的功能，了解 POS 机的组成及分类。

能力目标：掌握 POS 机的维护及常见故障的处理。

案例导入

农行福建省分行为 POS 机配上"技术 110"　实现故障即时响应

　　日前，农行福建分行在全国银行系统内首家开发上线了"POS 网控监控报警系统"。显著提高了故障响应及处置效率，有效提升客户服务水平。

　　POS 网控服务器（以下简称网控）是全国银联和大部分银行收单业务采用的汇总接入设备，农行福建分行间联收单业务采用了两台网控互为备份的接入方式，支撑着万达等十几家重要 BMP 商户及管辖一万多台 POS 机和智付通系统的运行。随着交易量快速增长，一旦网控关键部件出现异常，所有间联收单业务都将无法进行。为更好满足对交易时效性要求很高的 BMP 或 POS 收单大客户，进一步加强收单业务运行安全，及时监控网控故障，提高故障响应速度，日前，农行福建分行在全国银行系统内首家开发上线了"POS 网控监控报警系统"。该系统在网控发生故障时，及时采集网控器各张网卡的运行状态和故障信息，通过接口软件筛选后发送到分行报警监控平台，显示在分行中心机房监控大屏上，同时发送报警短信到技术人员手机，做到故障响应迅速、原因及时查明、问题有效解决。

　　经过一个月的试运行，该系统运行效果良好，实现了对网控各网卡异常状态的实时监测，如多次实时监测到运营商线路链路断链、与收单主机 TCP 链路中断等异常情况，改变了以往要等到商户反映才知道故障的被动局面，为该行技术人员及时定位故障，有效解决问题争取了大量时间，显著提高了故障响应及处置效率，有效提升客户服务水平。

（改编自：新华网）

一、POS 机的定义及作用

（一）POS 机的定义

POS 机是由电子收款机和计算机联网构成的网络系统，通过该系统能对连锁零售业（包括批发）的交易信息进行采集、整理、加工、分析和反馈，使企业的营销管理现代化。当我们在大商场、超市或连锁店选择商品后付款时，营业员收款、找零钱、打印发票都是通过称为电子收款机即 POS 机完成的。它的整个工作过程大致是：由具备自动读取商品条形码功能的收银机，在销售的同时将每种商品的销售情况传送到系统的后台计算机，通过信息系统的处理及加工，再将结果传送到各部门，使不同需求的有用信息能迅速取得，并以此作为商店进、销、调、存及进行其他各项管理的依据。

（二）POS 机在商业管理中的作用

在商业管理中，商品的前台销售是商品进、销、存业务经营活动的最主要业务之一，使用收款机可以提供准确的销售基础数据，从而有效地实现了对前台销售业务的管理。近年来，商业领域中使用收款机越来越多，带来了比较好的经济效益。

1. 收款迅速、准确

收银员录入顾客的购买信息，POS 机能做出快速的响应，即准确地计算出该笔交易额，并显示出应收款、实收款、找零等信息，减少了收款员对交易金额的计算时间，提高了收款速度，特别是采用商品条形码技术后，收款速度大大加快，减少了顾客排队时间，极大地方便了顾客。因此也提高了收款的准确性，给顾客以最大的信任感。

2. 支持多种付款方式

在正常交易中，支持顾客现金、支票、信用卡、外币、礼券等付款方式，甚至支持在同一笔交易中使用多种付款方式（现金、支票、信用卡、外币、礼券等），极大地满足顾客不同层次、不同方面的需要。

3. 结账精确，有效防损

POS 机的使用，使商场财、物得到了较为严格的控制，营业终了时，收款员通过 POS 机打印出当日销售报表，与各营业小组的销售小票相核对，做到当日销售额与实物的高度一致，大大缩短了结账时间，减轻了收款员的劳动强度，受到了收款员、会计人员的一致好评。同时 POS 机的使用，杜绝了手工收款在结账时出现的长、短款现象，提高了结账精确度，避免了企业经济损失。

4. 统计企业信息，为管理服务

POS 机作为销售工具，记录了关于商品销售的各种信息，收款员、售货员的销售业绩及顾客的购物数据，直接为后台提供准确无误的信息，并能打出日、月汇总报表，将这些报表提供给领导，为职工提发工资、奖金提供了客观依据；根据顾客购物信息，进行分析，为商品的促销提供客观依据；根据 POS 机记录的收款种类，统计营业中对现金、支票、信用卡等的交易金额，为前台销售与财务的接口提供了准确的数据；根据 POS 机记录的商品销售信息，统计各品种商品的日销售数额，为后台商品提供快速、准确的记账依据，使商品流通控制更科学合理。决策者可以对企业的资源进行全面而不仅是局部的综合筹划和平衡合理地分配及使用资源，实现企业人、财、物、购、销、存的一体化管理，提升了企业服务形象。它已经是加强商业企业前台管理，提高企业效益不可缺少的营销工具。

二、POS 机的功能及结构

1879 年，美国的詹姆斯·利迪和约翰·利迪兄弟制作的"拨盘式现金出纳记录机"成了最早的收款机，当时这台手动收款机的主要作用是做现金记录，主要用于劳务管理；还有一个目的是作为一种防范措施，监督雇员的劳动。经过使用，这种工具可提高销售业务的准确性和工作效率，作为管理和经营的辅助工具，受到了商业人员的关注。我国收款机从 20 世纪 80 年代开始引进，经历了 30 多年的发展，在现阶段零售业中已得到普遍的应用。

（一）POS 机的主要功能

（1）接收条形码阅读器输入的商品条形码信息，然后根据此条形码搜索此机内事先设置的商品数据库，找到该商品记录的内容，如品名、单价等，最后按本次实际销售数计算销售总额。

（2）记录顾客所付金额，计算应找金额，按照实际的销售情况，打印出销售发票。销售过程中显示屏同步显示供顾客监视。

（3）可以事先设置各种促销处理功能，如折扣、退货、挂账、盘点及营业员管理功能等其他功能供用户使用。

（4）自动进行销售后的处理工作，将销售信息通过网络传送到后台信息管理系统作进一步处理。

（5）按需打印各种分析报表，例如交易日／月报表、商品的单品报表、时段报表、收银员报表等。

（二）POS 机的主要结构

1. POS 机的结构

POS 机的结构相当于一台电脑加相应的周边设备，由主机、POS 键盘、打印机、操作员显示器、顾客显示牌、钱箱组成，如图 3-6 所示。

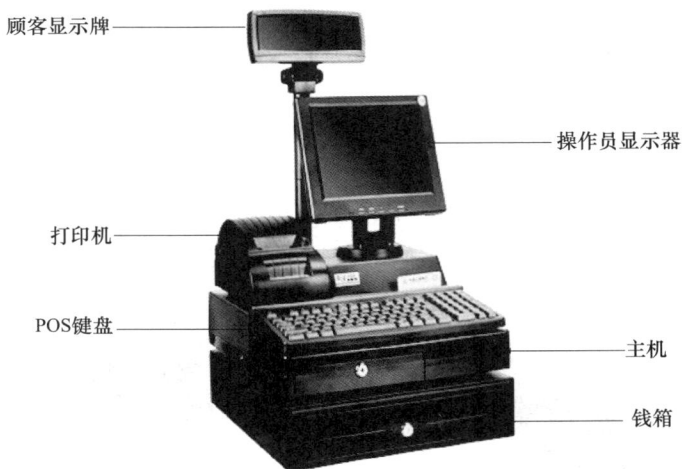

图 3-6　POS 机结构图

1）主机

主机由主机板和数据存储器构成。主机板，主要进行数据处理，与计算机的主板很相似，有的就是计算机的主板。

2）POS 键盘

POS 键盘用来输入各种销售数据。键盘按简捷键区、数字键区和功能键区进行布局，与计算机的键盘在键的排列上有很大的不同。由于每天的键盘敲击在几千次至上万次，因此高质量、高可靠性的键盘才能满足用户的需求。POS 机的键盘分为机械式键盘、电容式键盘及薄膜式键盘，前两种键盘输入速度很高，适于零售商业收款使用，薄膜式键盘防水防尘，适用于餐饮业。

3）打印机

打印机是 POS 机的输出关键部件，每天都要打印几百甚至上千张销售小票和用于管理的存根。打印机有字轮打印机、针式打印机、热敏打印机、压感打印机等。低档机多使用字轮打印机，高档机多使用针式打印机。随着技术的进步，当前的打印机有些安装了汉字库，有的提供了撕纸的方便。

4）操作员显示器

操作员显示器是收款操作人员用的显示器。

5）顾客显示牌

顾客显示牌是为方便顾客看到金额用的显示器，多采用荧光数码或液晶数码显示。

6）钱箱

钱箱是收款机特有的部件，用于存放收款现金。通常分内外两层，内层分隔若干小区，存放不同面额的现金和有价证券，带有钥匙和电子的控制开关装置。

2. POS 机外围设备

1）条码阅读器

条码阅读器通常也被人们称为条码扫描枪、条码扫描器，是用于读取条码所包含信息的设备，可分为一维、二维条码扫描器。扫描枪的基本工作原理是由光源发出的光线经过光学系统照射到条码符号上面，被反射回来的光经过光学系统成像在光电转换器上，经译码器解释为计算机可以直接接受的数字信号。条码阅读器如图 3-7 所示。

图 3-7　条码阅读器

2）条码电子秤

对于一些分包装重量不等的商品，使用条码电子秤除可以像电子秤一样完成商品称重外，还可以打印该种商品带有价格的条码。电子条码秤的原理也比较简单，在电子秤的基础上内置便携式条码机，产品的计量信息打印格式事先设置好，使用时便可清晰打印出条码纸。条码电子秤如图 3-8 所示。

3）票据打印机

在一些高档收款机上，除本身带有销售打印机外，还可以配备票据打印机，完成定制票据或账单的打印，如图 3-9 所示。

4）磁卡阅读器

磁卡阅读器可以进行磁卡阅读，如银行卡及商户发行的优惠磁卡、会员磁卡等，如图 3-10 所示。

图 3-8　条码电子秤

图 3-9　票据打印机

图 3-10　磁卡阅读器

（三）POS 机的分类

1. 一类机

第一代的收款机为金额管理机，被称为一类机。一般情况下，一类机不具备通信能力，这也是一类机的标志之一，因此一类机一般不能作为信息系统的数据采集终端。一类机的功能虽简单，但使用方便，价格低廉，适用于小型的专卖店、杂货店和饭馆等。

2. 二类机

二类机是具备商品管理能力和联网通信能力的收款机，一类机具有的功能二类机都具有，只不过功能更强。二类机的最大特点是多台联网工作，也可将其网络系统与通用计算机相连，由后者统一管理，因而可对大商场销售进行全面的管理。

3. 三类机

三类机是基于 PC 的电子收款机，也称为 POS 终端或收款机，是新一代收款机。它是计算技术、通信技术和机械技术的综合应用，使收款机由早期单纯的信息采集工具发展为多功能的信息处理工具。它的硬件组成是以计算机技术为基础的，因此与普通的电子收款机相比，基于 PC 的电子收款机应用软件更丰富，功能更完善，可以为后台管理软件提供一套很完整的销售管理基础数据，实现销售和管理统计功能。

（四）POS 机常见故障和维修

POS 机的工作特点：一是时间长、次数多、频率高，这就要求收款机稳定性要高，不能经常发生故障。二是环境差，灰尘污染大，要求防尘性能好。三是人流多，容易发生碰撞和震动。有的商场没有空调、夏天气温高，有时可能有茶水溅到收款机上，因此收款机要有防尘、防震、耐高温、防水的功能。专门为收款机设计用的专用机箱，都考虑到这些需要，具有防尘、防震、耐高温、防水的功能，这也是与普通计算机不同之处。但操作时还需要注意有关事项，才能保证它的可靠、安全运行。

1. 操作注意事项

（1）保持整个 POS 机系统的整洁，保证机器有正常的使用寿命。

（2）避免反复启动和关闭 POS 机。

（3）在使用中需安全退出后关机，否则会影响软件的整体性及数据的保存。在非正常状态下退出，需用查票号检查前一笔交易是否已存入硬盘。

（4）关机和开机时间间隔不得过短。如出现不能正常进入程序的情况，请关机后，检查电源及背部各插头是否插紧，然后重新开机。

（5）如需短时间内离开 POS 机，采取必要的技术手段，保证非操作人员不能使用。如果有 POS 机带 USB 接口，按照规定是不能随便使用的，特别是非工作要求的外接存储设备不准使用。

2. POS 机的维护及维修

1）收款机主机

收款机的基本结构同计算机的结构是相同的（指第三类收款机），当前使用的 CPU 主要是英特尔公司的奔腾系列，主板的面积可能比计算机大，布局同一般计算机的主板，使用一个 3 GB 的硬盘，因此很多故障同计算机的故障是相类似的。这里可先观察收款机的各个指示灯是否正常，如果发现常开指示灯出现一闪一闪的情况，说明电源有故障，需报修。如果使用中闻到异味，或指示灯不亮，也是电源问题，用户不能解决也要报修。还有一种情况是屏幕停在自检状态，并有错误信息：KEYBOARD ERROR……。此时先关闭电源，将键盘线的两头插紧，一端连接主机箱键盘口，另一端连接键盘单元的对应接口，经检查确认后再开机，如果现象依旧可能是键盘保险丝烧坏，要报修。UPS 是保障收款机平稳的电源输入，如果 UPS 出现故障，不能正常供电，应尽快更换 UPS，使收款机断电时能正常使用，以免突然断电造成整个系统应用软件的瘫痪，影响正常使用。

2）打印机

打印机要注意平时的清洁，使用一段时间后，请打开打印机机盖用刷子轻刷内部有灰的部分，并用吸尘器将灰吸出，保持清洁可提高打印机的寿命。平时如果打印机有异响，或发现有异物进入，打开机盖清除，如果清除后问题依旧请报修。平时使用中如果发现

PAPER 红灯闪烁是因为打印纸即将用完，请立刻添加打印纸，要尽量避免空打，以免损坏打印头。

3）操作员显示器

显示器如果开机时不亮，先检查开关是否打开，开关打开后显示器仍然不亮，说明显示器已坏，需报修。平时显示器的亮度要调节适中，不要过亮或过暗。

4）顾客显示牌

顾客显示牌在进入应用软件后应有字符显示，如果没有，需将顾客显示牌后盖打开，将插头推紧；如果问题不能解决，只能报修。注意在推插头时应断电操作，严禁带电插拔，带电插拔会造成显示模块的损坏。平时使用时应注意不要碰撞顾客显示牌，碰撞可能会造成损坏，影响使用。

5）键盘

键盘使用中应注意按键的轻重，过重会造成键盘内部损伤。切勿在未使用时乱按键盘，这样也会缩短键盘的使用寿命。要注意键盘的清洁，使用一段时间后，请将键盘的各个部分用小刷子清除灰尘以保持各个键的灵活。键盘的连接线严禁带电插拔，这样会对主机箱造成损坏。

6）钱箱

使用钱箱时要注意在关闭时不要推力过重，以免将钱箱内部的各个部件震松，影响正常使用。如果无法用钥匙打开钱箱，只能用应用软件打开钱箱，说明钱箱内部的钢丝绳断，需修理。发现钱箱打开不灵活，或弹出无力，可能是钱箱内部的滑动轴承损坏，应立即更换以免损失更大。

视野拓展

超市自助收银　是未来还是过客

新零售呼啸而来，传统超市被逼做出越来越多的改变。之前在国外超市常见的自助收银机慢慢出现在国内各家超市，永辉、物美、翠微、便利蜂等多家连锁超市和便利店陆续引进了自助系统。北京商报记者体验后发现，在改善用户体验和节约人力成本方面，自助收银机有着明显的优势，但使用范围和使用门槛也使得部分自助收银机的存在感降低。

现金、银行卡、微信支付、支付宝支付、Apple Pay、翼支付……便捷的支付方式越来越多，但京城各大超市最新、最热门的支付方式是自助结账机。一台类似 ATM 机的机器在收银台与人工收银并列而站，消费者在这台机器上可以自己进行商品扫码，然后选择最方便的方式结账，比如第三方支付或者刷银行卡。全程不需要收银员参与，自助完成结账过程。

永辉超市后勤支持方面工作人员表示，永辉超市在北京最早于 2015 年就引进了自助结账系统，后期陆续新开的门店都配备了该系统，一般门店设置 4～6 台，如果门店面积大，可能配备的机器更多。物美超市则是在沁山水店试验性地配备了两台自助结账机。翠微超市 2016 年 7 月为公主坟店引入了三台自助结账机，翠微超市主管万乔新告诉北京商报记者，这不仅是商业现代化的手段，也是市场需要，提升顾客体验的需要，翠微超市牡丹园店已经进行过消费者调查，消费者对于自助结账的兴趣很高，后期也会将这样的机器引入到牡丹园店并陆续推广到其他连锁门店。

体验为先

有数据显示，早在 2009 年，已有约 10 万台自助收银机在全球范围内投入使用；2014 年，这个数字增加 4 倍以上。目前国内市场拥有自助收银机的企业数量大约在 50 家，而且每年保持增长 10% 左右。截至 2014 年底，自助收银机的保有量估计不足 100 台，而 2015 年兴起的需求量就超过 1 万台，伴随着非银联市场的启动，自助收银的潜在市场还在进一步扩大。

自助收银最吸引商家的一点是给顾客带来新鲜的体验，这对于日渐丧失吸引力的超市来说尤为重要，甚至吸引了一些家庭客群的回流。北京商报记者在设置了自助结账机的超市观察到，年轻人和小孩儿是自助收银机最主要的使用群体，年轻人在超市购物一般讲究即买即走，每次购物件数并不多，本身也是第三方支付的深度用户，因此选择自助结账对他们来说简单方便省、时间。而小孩儿则是在家长的指引下对自助扫码结账兴趣盎然，这种兴趣更多来自"角色扮演"的体验感。

（资料来源：http://www.bbtnews.com.cn/2017/0328/186993.shtml）

项目训练

一、知识回眸

1. 一个完整的 POS 机包括哪些外部设备？
2. POS 机的基本结构包括哪些基本部分？
3. 三类机的基本区分目标是什么？
4. POS 机一般有哪些故障？

二、能力提升

学生以小组为单位，对前台 POS 机主机进行拆装，学会故障处理方法。

连锁企业条码技术

项目一　商品编码技术

自行车编码管理

原国家质量监督检验检疫总局（以下简称国家质检总局）统一负责自行车生产企业的编码管理，委托中国物品编码中心（以下简称编码中心）负责全国自行车生产企业企业代码的具体实施工作。

企业代码的注册

（1）企业代码是生产企业自行车编码的重要组成部分。任何依法取得营业执照和相关合法经营资质证明的自行车生产企业，对新生产的自行车编号打码，必须按照本规则核准注册，获得企业代码。

（2）企业代码注册申请人（以下简称申请人）到所在地的编码中心地方分支机构（以下简称编码分支机构）申请注册企业代码。编码分支机构的地址及联系方式可查询编码中心网络地址：http://www.ancc.org.cn/。

（3）申请人应当填写《中国自行车企业企业代码注册登记表》，出示营业执照或相关合法经营资质证明并提供复印件。

（4）对申请人提供的申请材料，编码分支机构应当在 5 个工作日内完成初审。对初审合格的，编码分支机构签署意见并报送编码中心审批；对初审不合格的，编码分支机构应当将申请材料退给申请人并说明理由。

（5）对初审合格的申请材料，编码中心应当自收到申请材料之日起 7 个工作日内完成审核程序。对符合编码管理规则第 3 条和第 4 条规定的，编码中心向申请人核准注册企业代码，对不符合规定要求的，编码中心应当将申请材料退回编码分支机构并说明理由，由编码分支机构将申请材料退给申请人并说明理由。

（6）申请人获准注册企业代码的，由编码中心负责发放全国唯一的企业代码，并颁发《中国自行车生产企业编码应用证书》。

（7）具有下列情形之一的，不予注册企业代码。

① 不能出示营业执照或相关合法经营资质证明文件的。

② 非申请人使用企业代码的。

③ 违反法律法规或相关国家规定的其他情形。

企业代码的应用

（1）自行车生产企业对经申请注册取得的企业代码享有专用权。

（2）自行车生产企业不得将本企业所注册的企业代码转让他人使用。

（3）任何的自行车生产企业不经注册不得使用企业代码。

（4）自行车生产企业的名称、地址、法定代表人等基本注册信息发生变化时，应当自有关部门批准变更之日起 15 日内，持有关文件和《中国自行车生产企业编码应用证书》到所在地的编码分支机构办理变更手续。

（5）自行车生产企业停止自行车生产时，应在停产之日起 1 个月内到所在地的编码分支机构办理备案或注销手续，办理注销手续的企业同时终止企业代码的使用。

（6）任何自行车生产企业不得擅自使用已经注销的企业代码。

（7）自行车生产企业应在取得企业代码的基础上，根据本规则的规定刻制自行车编码。

（8）编码中心应当定期公告已经通过注册和已经注销企业代码的自行车生产企业的名称和企业代码。

（9）在企业代码注册登记情况发生变更或注销时，编码分支机构应对变更、注销情况进行及时的更新，并根据规定将更新信息及时提供给有关部门。

（资料来源：中国物品编码中心）

一、商品编码概述

（一）商品编码的含义

商品编码是指用一组阿拉伯数字标识商品的过程，这组数字称为商品代码。商品代码与商品条码是两个不同的概念。商品代码是代表商品的数字信息，而商品条码是表示这一信息的符号。在商品条码工作中，要制作商品条码符号，首先必须给商品编一个数字代码。商品条码的代码是按照国际物品编码协会（EAN）统一规定的规则编制的，用于标识商品的一组数字。

（二）商品编码的作用

利用商品编码技术进行连锁企业管理具有明显的现实意义。

1. 节约搜索时间，降低管理成本

基于单品的编码技术使得一种商品只有一个编码，一个编码只对应一种商品，这提供了强大的商品搜索功能。使用关键字只能实现模糊搜索，而使用商品编码可以准确地找到所需要的商品，节省了搜索查找的时间，节约了个别管理环节耗费的时间，直接降低了企业管理成本。

2. 信息真实、完整，保证生产者和消费者的利益

唯一的编码保证了商品价值的真实性和使用价值的完整性，有效遏制了假冒伪劣产品的流通，切实地保障了生产者和消费者的经济利益。

（三）商品编码的基本原则

商品分类和编码是分别进行的，商品分类在先，编码在后。商品科学分类为合理编码提供了前提条件，但是编码是否科学得当会直接影响商品分类体系的实用价值。一个好的商品分类体系如果没有一套运用方便的代码，就会给组织和运用商品信息及商品流通合理化和经济管理现代化带来困难和麻烦。合理的商品编码一般遵循以下原则。

1. 唯一性原则

所谓唯一性是指所标识商品应与其编码一一对应。也就是说，每一个编码对象（商品类目）只能有一个代码，每一个代码只能标识同一商品类目。

2. 简明性原则

商品编码应尽可能简明，即尽可能使代码的长度最短，这样既便于手工处理，减少差错，也能减少计算机的处理时间和存储空间。

3. 层次性原则

商品编码要层次清楚，能清晰地反映商品分类体系与分类目录内部固有的逻辑关系。

4. 可扩性原则

在商品编码结构体系里应留有足够的备用码，以适应新类目增加和旧类目删减的需要，使扩充新代码和压缩旧代码成为可能，从而使分类和编码可以进行必要的修订和补充。

5. 稳定性原则

商品编码一旦确定后就不要变更，即使该类目商品停止生产或停止供应，也不要马上就分配给其他的商品类目，只有这样才能够保持编码体系的稳定性。

6. 统一性和协调性原则

商品编码要同国家商品分类编码标准相一致，与国际通用商品分类编码制度相协调，以利于实现信息交流和信息共享。

7. 具备自检能力原则

商品编码一般位数较长，在输入计算机时容易发生差错，所以编码必须具有检测差错的自身核对性能，以适应计算机的处理。

在编制商品分类体系和商品分类目录时，对以上原则可根据使用的要求综合考虑，以达到最佳的效果。

（四）商品编码方法

商品的编码并没有绝对固定的格式或规定，在一定程度上受编码管理人员的意识支配。但商品编码活动与整个连锁企业的经营管理是直接相连的，商品编码的原则和具体实施取决于连锁企业各个环节的管理程度，与此同时，企业信息系统运行的效率也会受到编码恰当与否的影响。

1. 根据所用场合不同，商品编码可分为外码和内码

外码指商品销售时直接使用的编码；内码由计算机系统内部使用或管理时使用，不作为销售输入手段。

2. 根据印制地不同，商品编码可分为原印码和自编码

原印码指由商品供应商直接在商品外表提供的商品编码；自编码是由批发商或零售商根据具体情况给商品自行编制的商品代码。

3. 根据编制原理不同，商品编码可分为货码和条形码

货码是由批发商或零售商根据分类等信息编制的简短号码，通常是一个不多于 8 位的数字序列，属于自编码；条码是根据专门的编码规则，可由特殊设备打印和自动识别的商品编码方法。各种不同的编码方法都是为了对商品进行标识，以便唯一地辨别不同商品，因此货码、内码或条码之间本身并不互相排斥，编码时可以根据实际情况灵活应用，可以采用几种码制组合的方式，多码并存。

但要注意的是，对同一种编码系统，一种商品只有一个编码，一个编码只对应一种商品。这里的"一种商品"在商业上指"单品"，所谓"单品"是对商品进行分类，直到分到无法再分的商品品种为止，它可以与一个唯一的编码相对应。

二、商品编码分类

商品的种类繁多，为了适应生产、流通和科学研究的需要，可以根据商品的特征，系统地将商品划分为不同的类别，这种对商品的有目的、有系统的划分，称为商品分类。由

于不同国家的国情和经济技术发展情况不同、同一国家不同的历史阶段、同一历史阶段不同的部门、同一部门分类有不同的目的和出发点，商品分类的方法和分类的繁简层次不是一成不变、固定单一的，而是多种多样的。商业行业标准《社会商业商品分类与代码》（SB/T 10135—1992）规定了商业企业商品代码管理的标准。该标准以科学分类为原则，兼顾了经营管理的需要。在流通领域的商品分类中，一般不是将商品直接以一级类别进行区分，而是类似财会的多级科目，总体设计使用 12 位长的数字序列，将商品分成大类、中类、小类和品种等类别。目前，全国商品分为 88 大类，如百货、纺织、五金交电、化工、食品等。

（一）商品的分类方法

一般小的便民连锁店，商品只有两三百种，而大的商场商品有上万种，商品品种繁多，特征各异，价值悬殊，其性能、用途及包装、运输和储藏的要求也各有不同。只有将商品进行统一分类后，生产、计划、统计、商品的管理才有统一的商品类别项目，才便于进行系统性的综合和统计。尤其是随着计算机进入商业信息管理领域，有系统、有层次的商品分类作为商品的属性是计算机辅助商业经营管理的最基础、最重要的环节。商品的分类对于商品流通过程中商品销售情况的统计、分析、决策有着极为重要的意义。

商品的分类方法多种多样，可以按商品的用途、生产方法和性质等分类。其中，按商品用途的分类方法是国内商业和对外贸易普遍采用的一种分类方法。它依据商品不同的功能，将所有商品分为食品和工业品两大类，然后再对两个大类进行细分。商业企业特别是零售型企业，采用这种分类方法，便于消费者选购商品，便于企业自身的经营管理。不管采用什么样的分类方法，必须符合以下几个主要原则。

第一，满足商品分类管理的要求。商品的分类是为了对流转过程中的商品进行定量的、科学的管理，如果商品的分类不能满足管理的需要，那么即使能将所有商品进行分类区分，也等于没有分类。

第二，能从本质上区分商品，保证分类明确。商品的分类方法必须能反映出各类商品的明显特征，表现出各类商品之间的明显区别，保证能容易地进行明确的分类，而不是模棱两可，难以选择。

第三，能划分所有的商品，且每一种商品只能有唯一的分类类别。商品的分类必须能将当前所有的商品进行合理分类，必须要保证每一种商品隶属于某一种分类，不能同时归属多个分类，以免多分类同时应用造成管理混乱。

商品的分类编码是否科学决定了数据信息分析、统计的有效性和商品管理的高效性。类别码可看成是商品的一种属性，决定商品划分在何区域。各种商品的查询检索靠类别来分组，数据的统计和报表的打印都要依靠类别种类来进行。在按照大类、中类、小类、品种分级的系统中，每日的营业报表，可以打印按小类统计的或任何所需类别的报表。当数据量达到一定程度时，从统计出的结果中可以看出商品销售的规律。如从 1 周范围内的营业数据报表或 1 个月内的营业数据报表中，可以得出一定时期内的营销规律，了解到某一时期内每一种类商品的销售情况，从而可以调整营销策略。

尽管有多种不同的商品分类方法，但各种分类方法皆有一定的局限性，只能满足一定的需要。任何单一的一种商品分类方法都很难满足每个部门的需要，因此在确定采用商品分类方法时必须以实际工作的要求或商品的明确特点为依据。在商业特别是零售业中所采用的商品分类方法一般是多种分类方法的综合运用。一般所售商品的类别包括食品、日用品、家电、服饰、餐饮等大类，这是按商品的用途进行分类的。食品内部又可以按商品性质分为生鲜品、冷冻品、调味副食品、饮料、保健品、粮食、糖果等种类。家居文化用品按用途分为家庭用品和文化用品等种类。服饰类按用途可分为衣类、鞋袜等种类。

（二）商品分类的编码

为了对商品分类进行计算机自动化管理，必须先对商品的分类进行科学的编码。通常编码的步骤包括以下几步。

（1）在商品手工分类管理的基础上，确定合理的商品分类方法，建立商品类别的分级码层次结构。一般宜将类别码分成大类码、中类码、小类码三级。

在实际应用中，根据商业企业的具体经营规模、商品品种，也可以自行确定相应的类别码结构体系，或是三级码的简化，或是三级码的细化。确定的分级类别码可以按目录树形层次结构画在纸上，便于进行整体分析。

（2）分析所有的分级类别码，确定各分级类别码合理的规范，如三级类别码的编码长度、编码字符集、编码名称对照表等。

以三级类别码为例，通常可设定大类码为 2～3 位，中类码为 2～4 位，小类码为 2～4 位。如编码长度太短，有可能无法将所有分级类别进行唯一编码或是分级类别没有一点扩充的余地。如编码长度太长，则使用时烦琐，存储时浪费空间。

类别的编码字符集一般取字符型的数字，直观明了。不同的分级类别码或相邻的分级类别码间不一定要求编码的连续，以便进行调整或插入新的分级码。如编码 300、301、302、400、401 中，302 后可以很方便地插入新的分级码 303、304，但整体上又保持了编码的连续。各商业企业应根据实际情况决定分级码的编码规范。

（3）借助于类别码结构图或其等价表格形式，将商品的各级分类码编码及其名称输入计算机，完成类别的具体设定。

在录入各商品的基本信息时，每一商品都必须有一个且只能有一个类别码与之对应。对每一种商品，可以将其分级码分开逐一设定；也可按照一定的编排原则，将分级码组合成一个有效的完整类别码直接对商品进行设定。

例如，分级码以 2-3-3 计，即大类码 2 位、中类码 3 位、小类码 3 位。类别编码为：

食品大类代号 01；服装大类代号 02。中类糖果烟酒代号 001；中类冷冻生鲜代号 002；中类加工食品代号 003；中类男式服装代号 001；中类女式服装代号 002。小类国产烟代号 500，小类进口烟代号 600，小类男士西装代号为 200。红梅香烟的类别码为 01–001–500、培罗蒙男士西装的类别码为 02–001–200。

由于商业企业各自的行业性质不同、所经营的商品特点不同、各自经营管理方式不同、经营规模不同，对商品编码、商品的分类及其编码方法不能强求一律。各商业企业应结合自己的经营特色、管理模式和信息管理系统，具体情况具体分析，系统地、科学地、合理地、有效地进行分类和编码。

商品分类及其编码是连锁商业企业前台、后台自动化管理的前提，是连锁商业企业实施商业信息管理的基础，它将直接影响到连锁商业企业的经营和管理，所以必须仔细、慎重、全面地进行分析和设定。

项 目 小 结

本项目介绍了商品编码的含义、作用、原则、方法；掌握商品分类的编码。

项 目 训 练

一、知识回眸

（一）名词解释

商品编码

（二）简答

1. 商品编码的作用有哪些？
2. 商品编码有哪些原则？
3. 商品编码的方法有哪些？

二、能力提升

讨论目前阶段，作为连锁企业在实际应用中，如何根据商业企业的具体经营规模、商品品种对商品进行分类？请大家各抒己见，阐述自己的观点。

项目二 条 码 技 术

项目目标

知识目标：掌握条码的概念、特征、优点，条码的分类。

能力目标：学会条码的应用。

案例导入

大型超市管理中的条码技术应用

条码的应用在现代大型超市管理中不可或缺。沃尔玛、卜蜂莲花等世界著名大型超市，从纵向到横向，从商品的流通、供应商的选择到客户及员工的管理，都已充分使用条码。以深圳某超市为例，该超市对推动条码的普及不遗余力，也是中国第一个要求供应商必须在商品上印上条码的超市，其对条码的使用主要体现在以下几处：商品流通的管理、客户的管理、供应商的管理、员工的管理。

超市中的商品流通包括：收货、入库、点仓、出库、查价、销售、盘点等。具体操作如下。

收货：收货部员工手持无线手提终端，通过无线网与主机连接的无线手提终端上已有此次要收的货品名称、数量、货号等资料，通过扫描货物自带的条码，确认货号，再输入此货物的数量，无线手提终端上便可马上显示此货物是否符合订单的要求。如果符合，便把货物送到入库步骤。

入库和出库：入库和出库其实是仓库部门重复以上的步骤，增加这一步只是为了方便管理，落实各部门的责任，也可防止有些货物收货后需直接进入商场而不入库所产生的混乱。

点仓：点仓是仓库部门最重要，也是最必要的一道工序。仓库部门员工手持无线手提终端（通过无线网与主机连接的无线手提终端上已经有各货品的货号、摆放位置、具体数量等资料）扫描货品的条码，确认货号，确认数量。所有的数据都会通过无线网实时地传送到主机。

查价：查价是超市的一项烦琐的任务。因为货品经常会有特价或调整的时候，混乱也容易发生，所以售货员手提无线手提终端，腰挂小型条码打印机，按照无线手提终端上的主机数据检查货品的变动情况，对应变而还没变的货品，马上通过无线手提终端连接小型条码打印机打印更改后的全新条码标签，贴于货架或货品上。

销售：销售一向是超市的命脉，主要是通过 POS 系统对产品条码的识别，而体现等价交换。

盘点：盘点是超市收集数据的重要手段，也是超市必不可少的工作。以前的盘点，必须暂停营业来进行手工清点，其间对生意的影响及对公司形象的影响之大无可估量。直至现在，还有的超市是利用非营业时间，要求员工加班加点进行盘点，这只是小型超市的管理模式，也不适合长期使用，而且盘点周期长、效率低。作为世界性大型超市，其盘点方式已进行必要的完善，主要分抽盘和整盘两部分：抽盘是指每天的抽样盘点。每天分几次，电脑主机将随意指令售货员到几号货架，清点什么货品。售货员只需手拿无线手提终端，按照通过无线网传输过来的主机指令，到几号货架，扫描指定商品的条码，确认商品后对其进行清点，然后把资料通过无线手提终端传输至主机，主机再进行数据分析。

客户的管理。使用条码对客户进行管理主要应用在会员制超市中。客户凭卡进入超市选购货物，在结账时必须出示此会员卡，收款员通过扫描卡上的条码确认会员身份，并可把会员的购货信息储存到会员资料库，方便以后使用。

供应商管理。使用条码对供应商进行管理，主要是要求供应商的供应货物必须有条码，以便进行货物的追踪服务。供应商必须把条码的内容含义清晰反映给超市，超市将逐渐通过货品的条码进行订货。

员工的管理。使用条码对员工进行管理，主要是应用在行政管理上。作为超市，能利用超市已有的设备运用到行政管理上，实为明智之举。超市用已有的 NBS 条码影像制卡系统为每个员工制出一张员工卡，卡上有员工的彩色照片、员工号、姓名、部门、ID 条码及各项特有标记。员工每天工作时间内必须佩戴员工卡，并使用员工卡上的条码配合考勤系统作考勤记录，而员工的支薪、领料和资料校对等需要身份证明的部门，都配上条码扫描器，通过扫描员工卡上的 ID 条码来确定员工的身份。

（改编自：http://www.ancc.org.cn/news/article.aspx？id=524）

一、条码概述

条码技术诞生于 20 世纪 40 年代，但是得到实际应用和迅速发展还是在近 20 年间，条码技术现已应用在计算机管理的各个领域，渗透到商业、工业、交通运输业、邮电通信业、物资管理、仓储、医疗卫生、安全检查、餐饮旅游、票证管理及军事装备、工程项目等国民经济各行各业和人民日常生活中。

（一）条码的基本概念

在琳琅满目的商品市场上，人们会看到越来越多的商品和食品的外包装及书籍的封面上，印有由粗细不同、平行相间的黑线条组合而成的长方形图案，线条图案下还配有相应的数字、字母和专用符号，这种图案就叫作条码。将商品的名称、规格、类别等用条码来表示，是商品分类的一大进步。商品条码是商品的"身份证"，也是商品流通于国际市场的"共用语言"。

条码是由宽度不同、反射率不同的条和空，按照一定的编码规则（码制）编制成的，用以表达一组数字或字母符号信息的图形标识符。即条码是一组粗细不同，按照一定的规则安排间距的平行线条图形。常见的条码是由反射率相差很大的黑条（简称条）和白条（简称空）组成的，这种用条、空组成的数据编码可以供机器识读，而且很容易译成二进制数和十进制数。这些条和空可以有各种不同的组合方法，构成不同的图形符号，适用于不同的场合。

由于不同颜色的物体，其反射的可见光的波长不同，白色物体能反射各种波长的可见光，黑色物体则吸收各种波长的可见光，所以当条码扫描器光源发出的光照射到黑白相间的条码上时，反射光聚焦后，照射到条码扫描器的光电转换器上，于是光电转换器接收到与白条和黑条相应的强弱不同的反射光信号，并转换成相应的电信号输出到条码扫描器的放大整型电路上。白条、黑条的宽度不同，相应的电信号持续时间长短也不同。条码如图 4-1 所示。

图 4-1　条码

1. 码制

条码的码制是指条码符号的类型，每种类型的条码符号都是由符合特定编码规则的条和空组合而成。每种码制都具有固定的编码容量和所规定的条码字符集。条码字符中字符总数不能大于该种码制的编码容量。

2. 条码字符集

条码字符集是指某种码制所表示的全部字符的集合。有些码制仅能表示 10 个数字字符（0~9），如 EAN/UPC 码、交插二五码；有些码制除了能表示 10 个数字字符外，还可以表示几个特殊字符，如库德巴码、Code-39 码（可表示数字字符 0～9，26 个英文字母 A～Z 及一些特殊符号）。

3. 连续性与非连续性

条码符号的连续性是指每个条码字符之间不存在间隔，相反，非连续性是指每个条码字符之间存在间隔。从某种意义上讲，由于连续性条码不存在条码字符间隔，即密度相对较高，而非连续性条码的密度相对较低。但非连续性条码字符间隔引起误差较大，一般规范不给出具体指标限制。而对连续性条码除了控制尺寸误差外，还需控制相邻条与条、空与空的相同边缘间的尺寸误差及每一条码字符的尺寸误差。

4. 定长条码与非定长条码

定长条码是指仅能表示固定字符个数的条码。非定长条码是指能表示可变字符个数的条码。例如，EAN/UPC 码是定长条码，它们的标准版仅能表示 12 个字符；Code-39 码为非定长条码。

定长条码由于限制了表示字符的个数，即译码的无视率相对较低，就一个完整的条码符号而言，任何信息的丢失都会导致译码的失败。非定长条码具有灵活、方便等优点，但受扫描器及印刷面积的控制，它不能表示任意多个字符，并且在扫描阅读过程中可能产生因信息丢失而引起错误译码，这些缺点在某些码制（如交插二五码）中出现的概率相对较大，这个缺点可通过识读器或计算机系统的校验而克服。

5. 双向可读性

条码符号的双向可读性，是指从左、右两侧开始扫描都可被识别的特性。绝大多数码制都可双向识读，所以都具有双向可读性。事实上，双向可读性不仅仅是条码符号本身的特性，它是条码符号和扫描设备的综合特性。对于双向可读的条码，识读过程中译码器需要判别扫描方向。有些类型的条码符号，其扫描方向的判定是通过起始符与终止符来完成的。例如 Code-39 码、交插二五码、库德巴码。有些类型的条码，由于从两个方向扫描起始符和终止符所产生的数字脉冲信号完全相同，所以无法用它们来判别扫描方向。如 EAN 和 UPC 码。在这种情况下，扫描方向的判别则是通过条码数据符的特定组合来完成的。对于某些非连续性条码符号，例如 Code-39 码，由于其字符集中存在着条码字符的对称性（如字符"*"与"P"，"M"与"-"等），在条码字符间隔较大时，很可能出现因信息丢失而引起的译码错误。

6. 自校验特性

条码符号的自校验特性是指条码字符本身具有校验特性。若在条码符号中，印刷缺陷（例如，因出现污点把一个窄条错认为宽条，而相邻宽空错认为窄空）不会导致替代错误，那么这种条码就具有自校验功能。例如 Code-39 码、库德巴码、交插二五码都具有自校验功能；EAN 和 UPC 码、93 码等都没有自校验功能。自校验功能可以校验出一个印刷缺陷。对于大于一个的印刷缺陷，任何自校验功能的条码都不可能完全校验出来。对于某种码制，是否具有自校验功能是由其编码结构决定的。码制设置者在设置条码符号时，均须考虑自校验功能。

（二）条码的基本特点

条码是迄今为止最经济、实用的一种自动识别技术。

1. 输入速度快

与键盘输入相比，条码输入的速度是键盘输入的 5 倍，并且能实现"即时数据输入"。

2. 可靠性高

键盘输入数据出错率为三百分之一，利用光学字符识别技术出错率为万分之一，而采用条码技术误码率低于百万分之一。

3. 采集信息量大

利用传统的一维条码一次可采集几十位字符的信息，二维条码更可以携带数千个字符的信息，并有一定的自动纠错能力。

4. 灵活实用

条码标识既可以作为一种识别手段单独使用，也可以和有关识别设备组成一个系统实现自动化识别，还可以和其他控制设备连接起来实现自动化管理。条码标签易于制作，对设备和材料没有特殊要求，识别设备操作容易，不需要特殊培训，且设备也相对便宜。

二、条码的分类

（一）一维条码

目前，国际广泛使用的条码种类有 EAN 码、UPC 码，超市中最常见的就是 EAN 码和 UPC 码、Code-39 码（可表示数字和字母，在管理领域应用最广）、交插二五码（在物流管理中应用较多）、Codebar 码（可表示数字和字母信息，主要用于医疗卫生、图书情报、物资等领域的自动识别）。其中，EAN 码是当今世界上广为使用的商品条码，已成为电子数据交换的基础；UPC 码主要为美国和加拿大使用；在各类条码应用系统中，Code-39 码因其可采用数字与字母共同组成的方式而在各行业、内部管理上被广泛使用；在血库、图书馆和照相馆的业务中，Codebar 码也被广泛使用；ISBN 码、ISSN 码用于图书和期刊中。

1. EAN 码

EAN 码是国际物品编码协会在全球推广应用的商品条码，是定长的纯数字型条码，它表示的字符集为数字 0~9。在实际应用中，EAN 码有两种版本，标准版和缩短版。标准版是由 13 位数字组成，称为 EAN-13 码或长码；缩短版 EAN 码是由 8 位数字组成，称为 EAN-8 码或者短码。

（1）EAN–13 码是按照"模块组合法"进行编码的。它的符号结构由八部分组成：左侧空白区、起始符、左侧数据符、中间分隔符、右侧数据符、校验符、终止符、右侧空白区。EAN–13 码如图 4–2 所示。EAN–13 码由 13 位数字组成。根据 EAN 规范，这 13 位数字分别赋予了不同的含义。由厂商识别代码、商品项目代码、校验码三部分组成，分为四种结构。13 位代码结构如表 4–1 所示。

图 4–2　EAN–13 码

表 4–1　13 位代码结构

结构种类	厂商识别代码	商品项目代码	校验码
结构一	X_{13}, X_{12}, X_{11}, X_{10}, X_9, X_8, X_7	X_6, X_5, X_4, X_3, X_2	X_1
结构二	X_{13}, X_{12}, X_{11}, X_{10}, X_9, X_8, X_7, X_6	X_5, X_4, X_3, X_2	X_1
结构三	X_{13}, X_{12}, X_{11}, X_{10}, X_9, X_8, X_7, X_6, X_5	X_4, X_3, X_2	X_1
结构四	X_{13}, X_{12}, X_{11}, X_{10}, X_9, X_8, X_7, X_6, X_5, X_4	X_3, X_2	X_1

厂商识别代码由 7～10 位数字组成，由中国物品编码中心负责分配和管理。厂商识别代码是各国的 EAN 编码组织在 EAN 分配的成员前缀码（X_{13}, X_{12}, X_{11}）的基础上分配给厂商的代码。前缀码是标识 EAN 所属成员的代码，由 EAN 统一管理和分配，以确保前缀码在国际范围内的唯一性。商品项目代码由 5～2 位数字组成，一般由厂商依据具体商品种类自行编制，也可由中国物品编码中心负责编制。在编制商品项目代码时，厂商必须遵守商品编码的基本原则：对同一商品项目的商品必须编制相同的商品项目代码；对不同的商品项目必须编制不同的商品项目代码；保证商品项目与其标识代码一一对应，即一个商品项目只有一个代码，一个代码只标识一个商品项目。校验码用以校验代码的正误，由一位数字组成。校验码是根据条码字符的数值按一定的数学算法计算得出的。国际物品编码协会已分配给中国物品编码中心的前缀码为 690～699。国际物品编码协会已分配给国家（或地区）编码组织的前缀码可登录中国物品编码中心网站查询。如法国 300～379、德国 400～

440、英国 500～509，前缀码可用作进口商品产地参考。

（2）EAN-8 码是 EAN-13 码的压缩版，由 8 位数字组成，用于包装面积较小的商品上。与 EAN-13 码相比，EAN-8 码没有制造厂商代码，仅有前缀码、商品项目代码和校验码。在中国，凡需使用 EAN-8 码的商品生产厂家，需将本企业欲使用 EAN-8 码的商品目录及其外包装（或设计稿）报至中国物品编码中心或其分支机构，由中国物品编码中心统一赋码。

2. UPC 码

UPC 码是美国统一代码委员会 UCC 制定的商品条码，它是世界上最早出现并投入应用的商品条码，在北美地区得到广泛应用。UPC 码在技术上与 EAN 码完全一致，它的编码方法也是模块组合法，也是定长、纯数字型条码。UPC 码实例如图 4-3 所示。

图 4-3　UPC 码

3. Code-39 码

Code-39 码是 1974 年发展出来的条码系统，是一种可供使用者双向扫描的分散式条码，也就是说相临两资料码之间，必须包含一个不具任何意义的空白（或细白，其逻辑值为 0），目前主要应用于工业产品、商业资料和单位内部管理等，它的最大优点是码数没有强制的限定，可用大写英文字母码，且校正码可忽略不计。

标准的 Code-39 码是由起始安全空间、起始码、资料码、可忽略不计的校正码、终止安全空间及终止码构成的。Code-39 码如图 4-4 所示。

图 4-4　Code-39 码

（二）二维条码

二维条码是用某种特定的几何图形按一定规律在平面（二维方向上）分布的黑白相间

的图形上记录数据符号信息的，在代码编制上巧妙地利用构成计算机内部逻辑基础的"0""1"比特流的概念，使用若干个与二进制相对应的几何形体来表示文字数值信息，通过图像输入设备或光电扫描设备自动识读以实现信息自动处理，它具有条码技术的一些共性：每种码制有其特定的字符集；每个字符占有一定的宽度；具有一定的校验功能等。同时还具有对不同行的信息自动识别的功能及处理图形旋转变化等特点。二维条码能够在横向和纵向两个方位同时表达信息，因此能在很小的面积内表达大量的信息。二维条码如图 4-5 所示。

图 4-5　二维条码

1. 二维条码的基本概念

（1）二维条码：在二维方向上表示信息的条码符号。

（2）码字：二维条码字符的值。由条码逻辑式向字符集转换的中间值。

（3）纠错字符：二维条码中，错误检测和错误纠正的字符。

（4）纠错码字：二维条码中，纠错字符的值。

2. 二维条码的分类

目前，根据二维条码实现原理、结构形状的差异，可分为矩阵式二维条码（dot matrix bar code）和堆叠式二维条码（stacked bar code）两大类型。

1）矩阵式二维条码

矩阵式二维条码的形式组成。在矩阵相应元素位置上，用点（方点、圆点或其他形状）的出现表示二进制"1"，点的不出现表示二进制的"0"，点的排列组合确定了矩阵码所代表的意义。矩阵码是建立在计算机图像处理技术、组合编码原理等基础上的一种新型图形符号自动识读处理码制。具有代表性的矩阵码如 CODEONE、CP 码等。

2）堆叠式二维条码

堆叠式二维条码的编码原理建立在一维条码基础之上，按需要堆积成两行或多行。它在编码设计、校验原理、识读方式等方面继承了一维条码的特点，识读设备和条码印刷与一维条码技术兼容。但由于行数的增加，行的鉴定、译码算法和软件与一维条码不完全相同。有代表性的堆叠式二维条码有 Code-49 码、PDF417 码、Code16K 码等。其中 PDF417 码是目前应用最广泛的一种堆叠式二维条码。

3. 二维条码的基本特征

第一，高密度编码，信息容量大，比普通条码信息容量约高几十倍。

第二，编码范围广。该条码可以把图片、声音、文字、签字、指纹等可以数字化的信息进行编码，用条码表示出来；可以表示多种语言文字；可表示图像数据。

第三，容错能力强，具有纠错功能，这使得二维条码因穿孔、污损等引起局部损坏时，照样可以正确地得到识读。

第四，译码可靠性高。它比普通条码译码错误率百万分之二要低得多，误码率不超过千万分之一。

第五，可引入加密措施，故保密性、防伪性好。

第六，成本低，易制作，持久耐用。

第七，条码符号的形状、尺寸大小比例可变。

第八，二维条码可以使用激光或 CCD 阅读器识读。

4. PDF417 码

PDF417 码是一种堆叠式二维条码，目前应用最为广泛。PDF417 码是由美国 SYMBOL 公司发明的，PDF（portable data file）意思是"便携数据文件"。组成条码的每一个条码字符由 4 个条和 4 个空共 17 个模块构成，故称为 PDF417 码。PDF417 码需要有 417 解码功能的条码阅读器才能识别。PDF417 码最大的优势在于其庞大的数据容量和极强的纠错能力。PDF417 码实例如图 4–6 所示。

图 4–6　PDF417 码

PDF417 码具有如下特点。

1）信息容量大

根据不同的条空比例每平方英寸可以容纳 250 到 1 100 个字符。在国际标准的证卡有效面积上（相当于信用卡面积的 2/3，约为 76 mm×25 mm），PDF417 码可以容纳 1 848 个字母字符或 2 729 个数字字符，约 500 个汉字信息。这种二维条码比普通条码信息容量高几十倍。

2）编码范围广

PDF417 码可以将照片、指纹、掌纹、签字、声音、文字等凡可数字化的信息进行编码。

3）保密、防伪性能好

PDF417 码具有多重防伪特性，它可以采用密码防伪、软件加密及利用所包含的信息如指纹、照片等进行防伪，因此具有极强的保密防伪性能。

4）译码可靠性高

普通条码的译码错误率约为百万分之二，而 PDF417 码的误码率不超过千万分之一，译码可靠性极高。

5）修正错误能力强

PDF417 码采用了世界上最先进的数学纠错理论，如果破损面积不超过 50%，条码由于沾污、破损等所丢失的信息，可以照常破译出丢失的信息。

6）容易制作且成本低

利用现有的点阵、激光、喷墨、热敏/热转印、制卡机等打印技术，即可在纸张、卡片、PVC、甚至金属表面上印出 PDF417 二维条码。由此所增加的费用仅是油墨的成本，因此人们又称 PDF417 是"零成本"技术。

7）条码符号的形状可变

同样的信息量，PDF417 码的形状可以根据载体面积及美工设计等进行自我调整。

三、条码的应用

在 ERP 系统中，如果基础数据的采集或传递中出现失实，则决策系统得出的数据就可能变得毫无意义。分析国内外一些企业实施 ERP 系统失败的原因，一部分是由于失败的数据采集所致。

在数据采集和传递方面，二维条码具有独有的优势。首先，二维条码存储容量多达上千字节，可以有效地存储货品的信息资料；其次，由于二维条码采用了先进的纠错算法，在部分损毁的情况下，仍然可以还原出完整的原始信息，从而使应用二维条码技术存储传递采集货品信息具有安全、可靠、快速、便捷的特点。

在供应链中采用二维条码作为信息的载体，不但可以有效避免人工输入可能出现的失误，大大提高入库、出库、制单、验货、盘点的效率，而且兼有配送识别、服务识别等功能，还可以在不便联网的情况下实现脱机管理。

条码技术是最基本的物流管理手段之一，条码技术的应用极大地提高了基础数据采集与传递的速度和准确性，提高了物流效率，为物流管理的科学化和现代化做出了巨大贡献。

二维条码在物流管理中的应用例子如下。

1. 生产过程管理中的条码应用

在生产过程中，需要对产品的生产过程进行跟踪。首先由生产管理部门下达生产任务单，任务单跟随相应的产品进行流动。然后每一生产环节开始时，用生产线终端的识读器扫描任务单上的条码，更改数据库中的产品状态。产品下线包装时，打印并粘贴产品的信息条码。

2. 库存管理中的条码应用

1）入库管理

入库时识读商品上的二维条码标签，同时录入货品的存放信息，将商品的特性信息及存放信息一同存入数据库。通过二维条码传递信息，有效地避免了人工录入的失误，实现了数据的无损传递和快速录入，将货品的管理推进到更深的层次。产品入库管理中使用二维条码如图 4-7 所示。

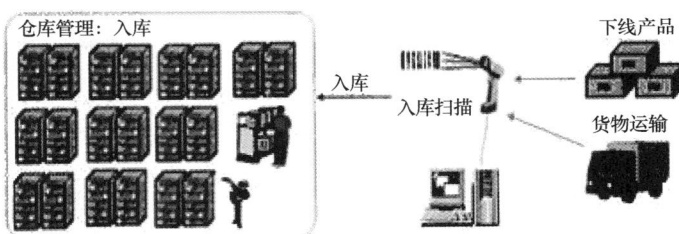

图 4-7　产品入库管理中使用二维条码

2）出库管理

根据提货单或配送单，选择相应的产品出库。为出库备货方便，可根据产品的特征进行组合查询，可打印查询结果或生成可用于移动终端的数据文件。产品出库时，扫描货品上的二维条码，对出库商品的信息进行确认，同时更改其库存状态。产品出库管理中使用二维条码如图 4-8 所示。

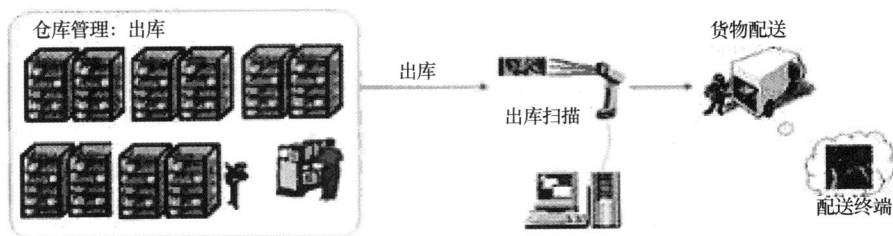

图 4-8　产品出库管理中使用二维条码

3）仓库内部管理

在库存管理中，二维条码可用于存货盘点。通过手持数据采集终端，收集库存货品信息，然后将收集到的信息由计算机进行集中处理，形成盘点报告。仓库内部管理中使用二维条码如图 4-9 所示。

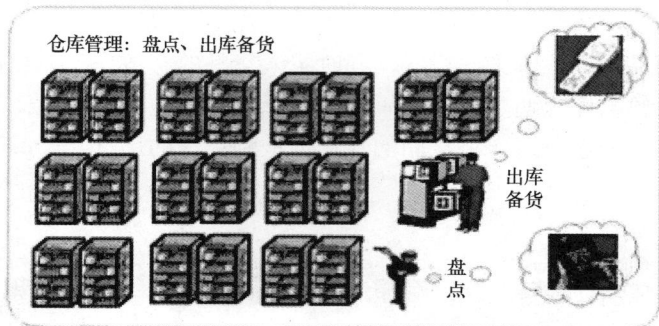

图 4-9　仓库内部管理中使用二维条码

3. 配送管理中的条码应用

二维条码在配送管理中具有重要的意义。配送前将配送货品资料和客户订单资料下载到移动终端中，到达配送客户后，打开移动终端，调出客户相应的订单，然后根据订单情况挑选货物并验证其条码标签，确认配送完一个客户的货物后，移动终端可以自动校验配送情况，并做出相应的提示。货物配货中二维码的使用如图 4-10 所示。

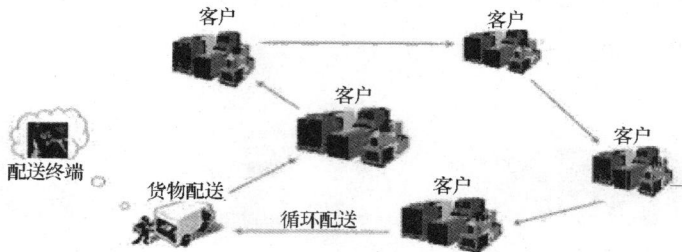

图 4-10　货物配货中二维条码的使用

视野拓展

探访青岛无人超市　扫二维码可微信付款

近日，有网友爆料称，延吉路万达惊现无人超市，扫描二维码即可微信支付，十分方便。

带着疑问，记者来到延吉路万达。在一层大厅，记者找到了网友惊呼的无人超市。无人超市的售货机主要售卖饮品、零食及小型生活用品，饮料、水果、洗刷用品等一应俱全。让人眼前一亮的是，选中自己需要的商品后，即扫描商品标签上的二维码，然后使用微信进行支付，特别是商品的买卖自始至终由顾客自己就可操作完成。

一位顾客在售货机前仔细观察和思考着。经过沟通后，记者了解到，顾客宋先生是附近写字楼的一名IT从业者，对智能售货机这个新鲜事物十分感兴趣。他向记者讲述了该售货机的工作原理，与此同时，宋先生还向记者分析了智能售货机的利与弊。

宋先生表示，智能售货机在国外已普及，国内目前正在快速发展中。智能售货机是以前自动售货机的升级和改善，利用网络技术和数据分析进行商品的售卖。智能售货机的好处有很多，方便、高效、大幅度解放劳动力。相对的，再好的事物也存在不太好的方面，此售货机对于年轻人来说的确是十分方便和时尚，但是对于一些上了年纪的老人来说就没那么方便了。同时，该售货机的地点选择也是十分关键的，受众毕竟有限！

负责推广无人超市概念的工作人员告诉记者，前来了解和体验的市民有很多，选择的商品主要是水果和饮料，以年轻人居多，还有的市民是前来咨询相关加盟事宜的。

（改编自：青岛新闻网）

项 目 小 结

本项目介绍了条码的含义、特点、分类及应用。

项 目 训 练

一、知识回眸

（一）名词解释

1. 一维条码

2. 二维条码

（二）简答

1. 条码的特点有哪些？

2. 一维条码与二维条码的区别有哪些？

3. 条码的具体应用有哪些？

二、能力提升

试论述一下，二维条码的信息量非常大，但是为什么连锁店的商品中没有用二维条码表示？

项目三 射频技术

项目目标

知识目标：了解射频技术的概念，射频技术的组成与原理，射频技术的类型。

能力目标：掌握射频技术的应用。

案例导入

RFID 在巧克力生产线中的应用

巧克力生产是多阶段的复杂过程。WDS 因此决定引进 RFID 作为其糖果生产的创新 NFC 技术。为此，所有塑料模具（根据工厂不同，数量可能达数千个）都配备了 RFID 数据载体。读/写头被永久安装在仓库和生产区域的生产线及移动式采集系统中，能够通过中央控制站追踪每个模具的进程。在生产线内，数据库导向的 RFID 系统有助于确保最佳的模具和产品追踪，以及过程优化和生产统计数据改进。控制系统采集的所有信息都被传送到工厂运营服务器的本地数据库中，该数据库中存储了生产线当前生产循环中所有模具的数据。生成的信息与服务器同步，用于全面的模具管理和追踪。完整的 RFID 系统不仅包括生产机器上的读取头，而且还包括模具清洗站和存储系统上的读取头。如果客户需要，WDS 甚至可使用图尔克 RFID 读取头改造第三方设备。

如今，图尔克的 RFID 系统确保所有 WDS 机器的中央服务器数据库都包含宝贵信息，这些信息可用于优化工厂生产效率和生产质量。数据池拥有广泛的应用可能，包括优化物流。

通过点击鼠标，系统将显示每个模具的位置，或者跟踪模具在生产工厂内经过的路径。这可实现对潜在故障源的轻松定位。利用图尔克的 RFID 系统还可确定生产特定数据。例如，能够轻松识别废品率高于平均水平的模具甚至是完整模具组，并自动拣出这些模具。另一个应用是对比模具组与特定批次的生产特性。除了质量管理外，数据池还为工厂内的质量监测和卫生指导提供了广泛的应用可能。RFID 系统可轻松识别是否正确执行了清洁循环。

现在，通过 RFID 能够密切追踪生产序列，例如将模具集中放置在冷却柜中，或者在生产过程中更换模具从而用于特殊测试样品。如果插入的模具不适用于当前生产过程，该技术还可以立即发出警报。甚至可以在生产过程中更换模具：在向系统插入新模具的同时，弹出旧模具。用户还可以采用自由组合的模具组生产方案，提高生产灵活性。

（改编自：RFID 世界网）

一、射频技术的概念

RFID 是射频识别技术的英文 radio frequency identification 的缩写。射频识别技术是 20 世纪 90 年代开始兴起的一种自动识别技术。该技术在世界范围内正被广泛地应用。

射频识别技术是一项利用射频信号通过空间耦合（交变磁场或电磁场）实现无接触信息传递并通过所传递的信息达到识别目的的技术。1948 年哈里斯托克曼发表的"利用反射功率的通信"奠定了射频识别技术的理论基础。2000 年后标准化问题日趋为人们所重视，射频识别产品种类更加丰富，有源电子标签、无源电子标签及半无源电子标签均得到发展，电子标签成本不断降低，规模应用行业扩大。至今，射频识别技术的理论得到丰富和完善。单芯片电子标签、多电子标签识读、无线可读可写、无源电子标签的远距离识别、适应高速移动物体的射频识别技术与产品正在成为现实并走向应用。与目前广泛使用的自动识别技术如摄像、条码、磁卡、IC 卡等相比，射频识别技术具有很多突出的优点。

第一，非接触操作，长距离识别（几厘米至几十米），因此完成识别工作时无须人工干预，应用便利。

第二，无机械磨损，寿命长，并可工作于各种油渍、灰尘污染等恶劣的环境。

第三，可识别高速运动物体并可同时识别多个电子标签。

第四，读写器具有不直接对最终用户开放的物理接口，保证其自身的安全性。

第五，数据安全方面除电子标签的密码保护外，数据部分可用一些算法实现安全管理。

第六，读写器与标签之间存在相互认证的过程，实现安全通信和存储。

目前，RFID 技术在工业自动化、物体跟踪、交通运输控制管理、防伪和军事用途方面已经有着广泛的应用。

二、RFID 系统的组成与原理

RFID 系统在具体的应用过程中，根据不同的应用目的和应用环境，系统的组成会有所不同，但从 RFID 系统的工作原理来看，系统一般都由信号发射机、信号接收机、编程器、天线几部分组成。

（一）信号发射机

在 RFID 系统中，信号发射机为了不同的应用目的，会以不同的形式存在，典型的形式是标签（TAG）。标签相当于条码技术中的条码符号，用来存储需要识别传输的信息。另外，与条码不同的是，标签必须能够自动或在外力的作用下，把存储的信息主动发射出去。标签一般是带有线圈、天线、存储器与控制系统的低电集成电路，按照不同的分类标准，标签有许多不同的分类。

（二）信号接收机

在 RFID 系统中，信号接收机一般叫作阅读器。根据支持的标签类型不同与完成的功能不同，阅读器的复杂程度是显著不同的。阅读器基本的功能就是提供与标签进行数据传输的途径。另外，阅读器还提供相当复杂的信号状态控制、奇偶错误校验与更正功能等。标签中除了存储需要传输的信息外，还必须含有一定的附加信息，如错误校验信息等。识别数据信息和附加信息按照一定的结构编制在一起，并按照特定的顺序向外发送。阅读器通过接收到的附加信息来控制数据流的发送。一旦到达阅读器的信息被正确地接收和译解后，阅读器通过特定的算法决定是否需要发射机对发送的信号重发一次，或者指导发射器停止发信号，这就是"命令响应协议"。使用这种协议，即便在很短的时间、很小的空间阅读多个标签，也可以有效地防止"欺骗问题"的产生。

（三）编程器

只有可读可写标签系统才需要编程器。编程器是向标签写入数据的装置。编程器写入数据一般来说是离线（off-line）完成的，也就是预先在标签中写入数据，等到开始应用时直接把标签黏附在被标识项目上。也有一些 RFID 应用系统，写数据是在线（on-line）完成的，尤其是在生产环境中作为交互式便携数据文件来处理时。

（四）天线

天线是标签与阅读器之间传输数据的发射、接收装置。在实际应用中，除了系统功率，天线的形状和相对位置也会影响数据的发射和接收，需要专业人员对系统的天线进行设计、安装。

当装有电子标签的物体在距离 0～10 m 范围内接近阅读器时，阅读器受控发出微波查询信号，安装在物体表面的电子标签收到阅读器的查询信号后，将此信号与标签中的数据信息合成一体反射回电子标签读出装置。反射回的微波合成信号，已携带有电子标签数据信息。阅读器接收到电子标签反射回的微波合成信号后，经阅读器内部微处理器处理后即可将电子标签储存的识别代码等信息分离读取出来。

三、RFID 的类型

根据 RFID 系统完成的功能不同，可以粗略地把 RFID 系统分成四种类型：EAS 系统、便携式数据采集系统、物流控制系统、定位系统。

（一）EAS 系统

EAS（electronic article surveillance）是一种设置在需要控制物品出入的门口的 RFID 技术。这种技术的典型应用场合是商店、图书馆、数据中心等地方，当未被授权的人从这些地方非法取走物品时，EAS 系统会发出警告。在应用 EAS 技术时，首先在物品上黏附 EAS 标签，当物品被正常购买或者合法移出时，在结算处通过一定的装置使 EAS 标签失活，物品就可以取走。物品经过装有 EAS 系统的门口时，EAS 装置能自动检测标签的活动性，发现活动性标签 EAS 系统会发出警告。EAS 技术的应用可以有效防止物品的被盗，不管是大件的商品，还是很小的物品。应用 EAS 技术，物品不用再锁在玻璃橱柜里，可以让顾客自由地观看、检查商品，这在自选日益流行的今天有着非常重要的现实意义。典型的 EAS 系统一般由三部分组成：附着在商品上的电子标签，电子传感器；电子标签灭活装置，以便授权商品能正常出入；监视器，在出口造成一定区域的监视空间。

EAS 系统的工作原理是：在监视区，发射器以一定的频率向接收器发射信号。发射器与接收器一般安装在零售店、图书馆的出入口，形成一定的监视空间。当具有特殊特征的标签进入该区域时，会对发射器发出的信号产生干扰，这种干扰信号也会被接收器接收，再经过微处理器的分析判断，就会控制警报器的鸣响。根据发射器所发出的信号不同以及标签对信号干扰原理不同，EAS 可以分成许多种类型。关于 EAS 技术最新的研究方向是标签的制作，人们正在讨论 EAS 标签能不能像条码一样，在产品的制作或包装过程中加进产品，成为产品的一部分。

（二）便携式数据采集系统

便携式数据采集系统是使用带有 RFID 阅读器的手持式数据采集器采集 RFID 标签上的数据。这种系统具有比较大的灵活性，适用于不宜安装固定式 RFID 系统的应用环境。手持式阅读器（数据输入终端）可以在读取数据的同时，通过无线电波数据传输方式（RFDC）实时地向主计算机系统传输数据，也可以暂时将数据存储在阅读器中，再分批向主计算机系统传输数据。

（三）物流控制系统

在物流控制系统中，固定布置的 RFID 阅读器分散布置在给定的区域，并且阅读器直接与数据管理信息系统相连，信号发射机是移动的，一般安装在移动的物体上面。当物体流经阅读器时，阅读器会自动扫描标签上的信息并把数据信息输入数据管理信息系统存储、分析、处理，达到控制物流的目的。

（四）定位系统

定位系统用于自动化加工系统中的定位以及对车辆、轮船等进行运行定位支持。阅读器放置在移动的车辆、轮船上或者自动化流水线中移动的物料、半成品、成品上，信号发射机嵌入到操作环境的地表下面。信号发射机上存储有位置识别信息，阅读器一般通过无线的方式或者有线的方式连接到主信息管理系统。

四、RFID 的应用

从采购、存储、生产制造、包装、装卸、运输、流通加工、配送、销售到服务，是供应链上环环相扣的业务环节和流程。在供应链运作时，企业必须实时地、精确地掌握整个供应链上的商流、物流、信息流和资金流的流向和变化，使这四种流及各个环节、各个流程都协调一致、相互配合，才能发挥其最大经济效益和社会效益。然而，由于实际物体的移动过程中各个环节都是处于运动和松散的状态，信息和方向常常随实际活动在空间和时间上变化，影响了信息的可获性和共享性。而 RFID 正是有效解决供应链上各项业务运作数据的输入/输出、业务过程的控制与跟踪，以及减少出错率等难题的一种新技术。

由于 RFID 标签具有可读写能力，对于需要频繁改变数据内容的场合尤为适用，它发挥的作用是数据采集和系统指令的传达，广泛用于供应链上的仓库管理、运输管理、生产管理、物料跟踪、运载工具和货架识别、商店，特别是超市中商品防盗等场合。

RFID 在物流的诸多环节上发挥了重大的作用。其具体应用价值，主要体现在以下几个环节。

第一，零售环节。RFID 技术可以改进零售商的库存管理，实现适时补货，有效跟踪运输与库存，提高效率，减少出错。同时，智能标签能对某些时效性强的商品的有效期限进行监控；商店还能利用 RFID 系统在付款台实现自动扫描和计费，从而取代人工收款。RFID 标签在供应链终端的销售环节，特别是在超市中，免除了跟踪过程中的人工干预，并能够生成 100% 准确的业务数据，因而具有巨大的吸引力。

第二，存储环节。在仓库里，RFID 技术最广泛的使用是存取货物与库存盘点，它能用来实现自动化的存货和取货等操作。在整个仓库管理中，将供应链计划系统制订的收货计划、取货计划、装运计划等与射频识别技术相结合，能够高效地完成各种业务操作，如指定堆放区域、上架取货和补货等。这样，增强了作业的准确性和快捷性，提高了服务质量，降低了成本，节省了劳动力和库存空间，同时减少了整个物流中由于商品误置、送错、偷窃、损坏和库存、出货错误等造成的损耗。RFID 技术的另一个好处在于在库存盘点时降低人力。RFID 的设计就是要让商品的登记自动化，盘点时不需要人工的检查或扫描条码，更加快速准确，并且减少了损耗。RFID 解决方案可提供有关库存情况的准确信息，管理人员可由此快速识别并纠正低效率运作情况，从而实现快速供货，并最大限度地减少储存成本。

第三，运输环节。在运输管理中，在途运输的货物和车辆贴上 RFID 标签，运输线的一些检查点上安装上 RFID 接收转发装置。接收装置收到 RFID 标签信息后，连同接收地的位置信息上传至通信卫星，再由卫星传送给运输调度中心，送入数据库中。

第四，配送/分销环节。在配送环节，采用 RFID 技术能大大加快配送的速度和提高拣选与分发过程的效率与准确率，并能减少人工、降低配送成本。如果到达中央配送中心的所有商品都贴有 RFID 标签，在进入中央配送中心时，托盘通过一个阅读器，读取托盘上所有货箱上的标签内容。系统将这些信息与发货记录进行核对，以检测出可能的错误，然后将 RFID 标签更新为最新的商品存放地点和状态。这样就确保了精确的库存控制，甚至可确切了解目前有多少货箱处于转运途中、转运的始发地和目的地，以及预期的到达时间等信息。

第五，生产环节。在生产制造环节应用 RFID 技术，可以完成自动化生产线运作，实现在整个生产线上对原材料、零部件、半成品和产成品的识别与跟踪，减少人工识别成本和出错率，提高效率和效益。特别是在采用 JIT（just-in-time）准时制生产方式的流水线上，原材料与零部件必须准时送达到工位上。采用了 RFID 技术之后，就能通过识别电子标签来快速从品类繁多的库存中准确地找出工位所需的原材料和零部件。RFID 技术还能帮助管理人员及时根据生产进度发出补货信息，实现流水线均衡、稳步生产，同时也加强了对质量的控制与追踪。

以汽车制造业为例，目前在汽车生产厂的焊接、喷漆和装配等生产线上，都采用了 RFID 技术来监控生产过程。比如说，通过对电子标签读取信息，再与生产计划、排程排序相结合，对生产线上的车体等给出一个独立的识别编号，实现对车辆的跟踪；在焊接生产线上，采用耐高温、防粉尘/金属、防磁场、可重复使用的有源封装 RFID 标签，通过自动识别作业件来监控焊接生产作业；在喷漆车间采用防水、防漆 RFID 标签，对汽车零部件和整车进行监控，根据排程安排完成喷漆作业，同时减少污染；在装配生产线上，根据供应链计划器编排出的生产计划、生产排程与排序，通过识别 RFID 标签中的信息，完成混流生产。

第六，食品质量控制环节。近年来涌现出的大量食品安全问题主要集中在肉类及肉类食品上。由于牲畜的流行病时有发生，如疯牛病、口蹄疫及近年肆虐的禽流感等，如果防控不当，将给人们的健康带来危害。采用了 RFID 系统之后，可提供食品链中的肉类食品与其动物来源之间的可靠联系，从销售环节就能够追查到它们的历史与来源，并能一直追踪到具体的养殖场和动物个体。在对肉类食品来源识别的解决方案中，可以应用 RFID 芯片来记载每个动物的兽医史，在养殖场中对每个动物建立电子身份，并将所有信息存入计算机系统，直到它们被屠宰。然后，所有数据被存储在出售肉类食品的 RFID 标签中，随食品一起送到下游的销售环节。这样，通过在零售环节中的超市、餐馆等对食品标签的识别，人们在购买时就能清楚地知道食品的来源、时间、中间处理过程的情况等信息，就能放心地购买。

总之，射频技术还处于刚刚起步的阶段，但是它的发展潜力是巨大的，它的前景非常诱人。在信息社会，对于各种信息的处理要求快速、准确，在不久的将来射频技术就会同其他识别技术一样深入人们的生活中，改善人们的生活。对于这样一个新技术，应该加大宣传力度，尽早普及它、利用它，提高整个社会的工作效率和经济效益。

视野拓展

RFID 助力时尚业"芯"管理

2018 年 3 月 14—16 日，中国国际服装服饰博览会在上海国家会展中心盛大举办，此次 CHIC 展在服装供应链方面，展示了 RFID 技术在服装供应链管理中的应用。于服装行业而言，RFID 已不再陌生，国际服装巨头 ZARA、优衣库，国内的拉夏贝尔、UR、海澜之家等均开始采用 RFID 技术。RFID 技术对于服装供应链管理究竟产生了哪些影响？

弯道超车？RFID 着力解决时尚行业库存难题

众所周知，服装行业最头疼的问题——库存。在供应链中，商品最终被消费者购买，那么整个供应链才算完整，一旦这个环节出现问题，将直接影响资金链。特别是服装行业，由于受到服装换季和潮流的影响，服装的销售窗口期很短，一旦错过这个时期，便容易形成库存积压，后果不堪设想。

服装行业库存形成的很重要的一个原因在于：品牌商服装的上市期晚于消费者的需求期。本土服装品牌商在这方面上升空间很大：从设计到把成衣摆在柜台上出售，中国服装业一般需要 6 到 9 个月，国际名牌一般需要 120 天，而 ZARA、优衣库等快时尚品牌最快只需要 7 天，平均耗时也才 12 天。

这中间的差距为何这么大？排除设计、渠道长短等因素，我们的服装企业是否能够弯道超车？于很多服装企业而言，加强供应链效率，使得服装上市期逐渐接近、符合消费者的需求期；同时加强对消费者需求的搜集、把握，是解决库存问题的重要途径。这个过程中，借助技术手段是大势所趋。

打造可视化供应链，助推门店智能运营

在服装供应链中，RFID 具备远距离群读的优势，通过数据的快速搜集整合，大大加快了供应链的反应速度。利用技术手段代替传统供应链工作中人工计件的数据搜集方式，从而大大减少仓储发货、门店收货、库存盘点的耗时，为服装销售争夺更多的时间，减少库存压力。同时，RFID技术作为一个数据载体，配合魔镜、智能试衣间等，可以收集大量消费者试衣数据，通过大数据的分析，可以知道消费者偏好的款式，再结合最终的销售数据，分析消费者最终购买的决定因素，从而慢慢了解消费者真实需求，帮助服装品牌商更好地从需求端出发，制定经营策略，减少库存压力！

RFID技术，最核心的在于服装供应链数据的整合运用，打造数字化供应链！传统服装供应链的销售数据、库存数据等品牌商经营决策的关键数据散落于工厂、仓储、门店各环节，搜集运用的效率十分低下。应用RFID技术，打通工厂至门店的供应链数据链条，每一个环节数据可视化，加强对服装供应链的管理控制。

项目小结

本项目介绍了射频技术的概念、射频技术的组成与原理、射频技术的类型。

项目训练

一、知识回眸

（一）名词解释
射频识别技术

（二）简答
1. 射频识别技术的优点是什么？
2. 射频识别技术的组成与原理是什么？
3. 射频识别技术的类型有哪些？

二、能力提升

RFID通过射频信号自动识别目标对象获取相关数据，无须人工干预，已经在零售行业形成了较好的规模应用。请利用互联网资源，简述RFID的发展、采用的技术和其应用的领域，重点介绍零售业应用RFID的现状和前景，写成一份零售业应用RFID的报告。

连锁企业电子商务

项目一　电子商务的产生与发展

项目目标

知识目标：掌握电子商务的基本概念，了解电子商务的发展过程和主要模式。

能力目标：能够分析零售企业开展电子商务的模式，理解电子商务对零售企业的意义。

案例导入

京东：电子商务将是第四次零售革命的开端

第一次零售革命是百货商店，第二次是连锁商，第三次是超级市场，而第四次跟我们的技术和需求的变化有关，随着技术的发展与更迭，技术和零售的关系更加紧密。从需求端来说，需求的个性化、多样化，会越来越不一样，所以这两个需求和技术的更迭让我们的第四次零售革命爆发成为可能。陈绍峰认为，电子商务是第四次零售革命的开端。

对于第四次零售革命，第一个特点是无界。从人货场这几个关键点来说：人是消费者，消费者需求在变化；货越来越个性、多样化；场，也就是我们购物的场景，越来越可见即所得。第二个特点是精准，对应人的变化或者货的变化就是越来越精准。具体来讲，从"大众市场"变成"人人市场"，过去的零售和生产活动，瞄准的是大众市场，提供的是批量商品。未来的感知和大数据技术将会赋予我们洞察每个消费者个性化需要的能力，并且我们可以通过连接外部资源灵活地实现个性化需求。

京东物流的未来：个性化、短链化、智能化

由于消费方式的重构，人们开始重视参与和体验，场景多元化；产业模式的升级使产品少批量多批次、快速迭代；技术能力的突破促使大数据的发掘、人工智能的应用。综上，京东物流的未来发展将呈现个性化服务、短链化供应、智能化发展等新态势。

消费端，第四次零售革命下人的需求呈现出多样化、重参与和体验的特点，可以随处消费，"所见即所得"，这就要求物流服务不仅要快、精、准，而且要推出更多个性化可选择的服务，来满足消费者不同场景的需求，如京东的京准达、京尊达等服务。

产业端，未来的货物围绕客户需求为中心，货物生命周期更短，迭代更快，少批量、多批次成为物流的主要特点。这要求有物流的协同平台，消费者在多场景下消费时，实现商品从品牌商到消费者的快速敏捷移动，同时能将末端消费者的数据和消费洞察逆向传递给整个供应链的上游企业，这势必使短链化供应成为物流的发展趋势。

技术端，随着机器人技术、大数据和人工智能的发展，将使得物流在基础操作层面效率更高、成本更低，在网络层面实现更大的社会化协同和分工，而在物流的决策层面实现真正的智能化决策。

（改编自：联商网）

一、电子商务的基本概念

（一）电子商务定义

电子商务是指交易当事人或参与人利用计算机技术和网络通信技术所进行的各类商业贸易活动。电子商务包括电子货币交易、在线事务处理、电子数据交换（EDI）、供应链管理、网络营销、存货管理和自动数据收集系统等。

狭义上讲，电子商务（electronic commerce，EC）是指通过使用互联网等电子工具（包括电报、电话、传真、计算机、计算机网络、移动通信等工具）在全球范围内进行的商业贸易活动。狭义电子商务的进行是以计算机网络为基础，包括交易商品或服务的提供者、广告商、消费者、中介商等有关各参与方行为的总和。人们一般理解的电子商务是指狭义上的电子商务。

广义上讲，电子商务源于 electronic business，是指通过电子手段进行的商业贸易活动。它是指通过使用计算机网络等电子工具，使公司内部、供应商、客户和合作伙伴之间，利用电子手段共享业务信息，实现企业间业务流程电子化，提高企业的生产、库存、流通和资金等各个环节的效率。

电子商务的实质是企业以商业贸易活动为主体，以计算机网络为基础，以电子化方式为手段，在法律许可范围内与客户、供应商和合作伙伴实现在线交易和价值交换。其核心是降低个人、企业、社会的交易成本，提高商业贸易活动的效率。

电子商务是一个不断发展的概念。电子商务的定义反映了现代经济活动转变的状态，反映了电子信息技术在商务活动中的应用，对企业的各项活动进行了持续优化，还反映了信息化软件和电子通信技术在商业贸易过程中的应用。

（二）电子商务的特点

电子商务与传统商业相比，其主要优势就是利用现代信息技术将传统商务活动中的商品流、资金流、信息流进行整合，以现代化电子方式实现商务信息的传递和交换。电子商务具有以下特点。

1. 商务性

电子商务最基本的特性是商务性，即提供买卖交易的服务、手段和机会。对消费者而言，网上购物提供了一种更为方便快捷的消费方式；对商家而言，电子商务可以帮助企业扩展市场，提高市场占有率，更为快捷地获取商业信息，对企业发展是一个新的机遇。

2. 服务性

在电子商务环境中，客户不再受到时间和地域的限制，服务质量的高低在一定程度上成为企业发展电子商务的关键。企业通过现代化电子工具为客户提供完整的服务，客户因而对企业忠诚度有所提高，使得企业获得良好发展。电子商务提供的便捷的客户服务对客户和企业都是同样受益的。

3. 集成性

电子商务是一种新兴技术，它使用了大量的新技术。电子商务系统有效地协调了企业新技术的开发应用和原有技术的改造，使企业充分整合各种内外部资源、新老技术集成到一个平台之上，实现生产、销售及客户服务的高效运作。同时，电子商务能够规范事务处理的工作流程，保证事务处理的整体性和统一性。

4. 安全性

安全性是所有商业活动的前提，安全性同样是电子商务的核心问题。对于客户和企业而言，如果电子交易过程缺乏安全性，那么电子商务就无法进行。目前，威胁电子商务安全主要有欺骗、窃听、病毒和非法入侵等方式，因此一种端到端的安全解决方案随之产生，主要包括加密机制、签名机制、存取控制、防火墙、防病毒保护，等等，帮助企业建立一种安全的电子商务环境。

5. 协作性

电子商务活动是一个涉及多个参与主体、由多个环节组成的协作过程。电子商务的实现需要参与交易的各方，如客户、生产商、供应商、合作伙伴等按照一定的规则来协调开展的。随着电子商务的不断扩展，协调的范围不断扩大，协调的过程也更加自动化。只有企业内外部各方之间加强相互协作、配合，电子商务的优势与价值才能真正得到体现。

（三）电子商务的功能

基于计算机网络的电子商务可以提供方便快捷的网上交易和管理的全过程，突破了时间、地域的限制，很大程度上丰富了传统商务活动的内容，具有广告宣传、咨询洽谈、网上订购、网上支付、电子账户、交易管理等多项功能。

1. 广告宣传

计算机网络具有容量大、效率高的特点，通过计算机网络发布各类商业信息是电子商务的基本功能之一。企业可以利用网站、电子邮件、即时通讯工具等多种方式发布产品广告，与其他各类广告相比，网络广告具有成本低、快捷方便、双向交流的优势。

2. 咨询洽谈

电子商务可以通过电子邮件、博客、论坛等非实时通信工具和即时通信工具（QQ、微信、陌陌、阿里旺旺等）来了解市场状况和商品信息，进行咨询沟通，洽谈交易事务。网上的咨询和洽谈能够超越面对面浅谈的局限性，提供更加方便、有效的交谈方式。

3. 网上订购

在电子商务网络平台上，客户可以利用填写、提交交互式表单来实现网上订购。为使客户能够顺利完成在线订购过程，企业通常会在产品介绍页面提供友好的订购提示信息，当客户填写完订购单后，系统通常会回复确认信息单来保证订购信息的收悉。订单信息一般采用加密的方式保证客户和商家的信息安全。

4. 网上支付

网上支付是完整的电子商务过程中不可缺少的一个环节。电子商务可以通过传统的方式（汇款、货到付款等）进行支付，也可以使用网上银行进行实时支付，也可以使用第三方支付平台（支付宝、财付通等）进行支付。网上支付可以缩短交易时间，降低交易成本，但同时网络支付要求更加可靠的信息传输和安全控制。

5. 电子账户

电子账户是网上支付的前提条件。网上支付需要有金融机构（如银行、投资公司、保险公司、三方支付平台等）为客户和企业提供的银行卡号、银行账户等电子账户信息来进行支付。数字凭证、数字签名、加密等手段的应用为电子账户的操作提供了更高的安全性。

6. 交易管理

交易管理包含整个商务活动全过程的管理，涉及人、财、物等多个方面，包括企业之间、企业和客户之间、企业内部等各方面的管理。企业可以利用电子商务系统实现信息和资源的实时传输和汇总，及时处理各种问题，保证企业的正常高效运转。

二、电子商务的发展

（一）电子商务发展的阶段

电子商务按技术的发展可以分为三个阶段。

第一阶段（19 世纪末至 20 世纪 70 年代）

电子商务的萌芽发展阶段。在此期间电话、电报被发明和使用，人们开始使用这些电子工具从事商业活动。

第二阶段（20 世纪 70 年代末至 90 年代初期）

电子商务的初级应用阶段。企业开始使用电子数据交换（EDI）技术、电子资金传送（EFT）技术来进行电子商务活动是此阶段的一个标志。EDI 指事务按照一个公认的标准，形成结构化的事务处理或文档数据格式，从计算机到计算机的传输方法，是一种端到端的传输方式。这个阶段的 EDI 是在增值网（VAN）上实现的，企业需要大量资金投入增值网建设，这也在一定程度上限制了电子商务的发展。但是在封闭的增值网上进行电子商务活动也有着传输安全性高的优点，不容易被第三方窃听和盗用。

第三阶段（20 世纪 90 年代初期至今）

电子商务的广泛应用阶段。这一阶段的标志是利用互联网进行 EDI 的传输。互联网的应用解决了中小企业的资金和技术瓶颈，使越来越多的企业加入电子商务队伍中来。但是在公共的网络上开展电子商务同时也带来了一定的安全隐患。因此计算机网络安全技术伴随电子商务的发展一同发展。

（二）推动电子商务发展的主要因素

目前，建立在互联网基础上的电子商务已全面渗透到人们的日常生活中，并且改变着人们的日常生活。总体来说，经济发展、顾客互动、数字信息技术发展共同推动了电子商务的发展。

1. 经济发展对电子商务有着根本的推动作用

经济的发展既有外部的力量，也有内部的力量。电子商务在经济领域中的应用，对企业外部集成、内部集成都能产生经济效益。从而进一步推动企业参与电子商务活动，进而推动电子商务不断向前发展。

2. 顾客互动，与市场营销密切联系

顾客互动对电子商务的推动表现在电子商务不但可为企业提供更多的营销渠道，选定目标市场，创造新的、高质量的顾客服务，来提高顾客满意度。它还可帮助企业为目标顾客提供更详细的产品和服务信息，从而获得顾客的青睐。

3. 数字信息技术的发展

数字信息技术的发展加快了电子商务的发展。一方面，商业信息通过信息技术转变为数字形式，加快了其传输速度；另一方面，信息技术和数字的融合为电子商务的拓展提供新机会，也为现存产品开发新市场。

三、电子商务的主要模式

电子商务模式主要是指电子商务的商业模式，即一个企业在网络环境下基于一定技术基础的商业模式运作，产生收益以维持公司的生存。目前常见的电子商务模式有 B2B、B2C、C2C 和 O2O 等模式。

（一）B2B 电子商务

B2B 电子商务（business to business），是指企业与企业之间的电子商务交易模式。B2B 主要针对企业内部以及企业与上下游协作厂商之间的信息整合，并在互联网上进行的企业间交易。即企业依托现代化电子工具在互联网平台上进行产品和服务的信息发布、谈判签约、订货付款以及商品配送、管理等一系列商业贸易活动。

根据采用的网络技术不同，B2B 模式大致分为三类：一是基于增值网络（VAN）和内联网（Intranet）的封闭的电子商务模式；二是基于 EDI 和外联网（Extranet）基础上的电子商务模式；三是基于互联网（Internet）基础上的企业间电子商务模式等。

（二）B2C 电子商务

B2C 电子商务（business to customer），是指企业与消费者之间的电子商务交易模式。这是消费者利用计算机网络直接参与经济活动的一种形式，类似于电子化的零售交易，也是消费者最为熟悉的一种电子商务模式。

B2C 主要采取在线零售的形式，以网络手段实现公众消费或者向公众提供服务，并采用电子支付的方式完成交易。从参与 B2C 活动的主体来讲，买方是普通消费者，而卖方可以是生产企业，也可以是流通企业。目前各种类型的网上商店向消费者提供食品、日用百货、书籍等各种商品和服务，几乎涵盖了所有消费品。世界上最大的网上书店亚马逊书店（www.amazon.com），我国的天猫（www.tmall.com）、京东商城（www.jd.com）、苏宁易购（www.suning.com）等均为 B2C 模式的典型代表。

（三）C2C 电子商务

C2C 电子商务（customer to customer），是指消费者与消费者之间的电子商务交易模式，是买卖双方借助第三方电子商务平台实现交易的一种电子商务模式。第三方电子商务平台是指从事电子商务业务的企业利用现代化电子工具和网络通信技术，为买卖双方提供专门的在线交易空间，如美国的易贝网（www.ebay.com），我国的淘宝网（www.taobao.com）、拍拍网（www.paipai.com）等。

（四）O2O 电子商务

O2O 电子商务（online to offline），即在线离线/线上到线下，是将线下的商业机会与计算机结合在一起，让计算机网络成为线下交易的前台。利用 O2O 模式，线下服务可以在线上进行揽客，消费者可以利用线上来筛选产品和服务，利用在线结算可以明显提高商业效率。O2O 电子商务模式需具备四大要素：独立网上商城、国家级权威行业可信网站认证、在线网络广告营销推广、全面社交媒体与客户在线互动。每笔交易都可被记录和跟踪是 O2O 模式最重要的特点。

项目小结

本项目主要介绍了电子商务的一些基本情况，包括电子商务的基本概念、特点、功能，电子商务的发展过程，以及电子商务的主要模式。

项目训练

一、知识回眸

（一）名词解释
1. 电子商务
2. B2B 电子商务
3. B2C 电子商务
4. C2C 电子商务

（二）简答
1. 推动电子商务发展的因素有哪些？
2. 电子商务的发展分哪几个阶段？

二、能力提升

几年来，易趣发展了 350 万注册用户，成为大陆市场第一大 C2C 网站。易趣网用户可以通过在线交易平台以竞价和定价形式买卖各式各样的物品，包括服装、手机、计算机、汽车。据 IDC 的数据，2002—2003 年，易趣占有 C2C 市场份额 92%，是一个潜在的市场垄断者。截至 2004 年年底，易趣用户达到了一千万，年总成交金额也达到了 3.6 亿美元，比起 2003 年都取得了大幅度增长。试分析易趣发展成功的原因。

项目二　电子商务发展带来的机遇与挑战

知识目标：了解电子商务对社会经济和科技发展的影响。

能力目标：通过电子商务对社会经济和科技的影响，掌握电子商务发展带给企业的机遇与挑战。

案例导入

从亚马逊、阿里到网易　为什么电商都开线下店？

继小米、阿里、京东开设实体店之后，中国最大跨境电商网易考拉也摩拳擦掌，2018年4月，首家线下店终于在杭州市中心开门迎客，这家电商新势力的雄心壮志，在店门口的广告牌上展露无遗："家在杭州，随时遇见欧洲。"

杭州的魅力本不需欧洲加持。在古代中国，杭州有着独一无二的"天堂"地位，秀美的西湖、荟萃的人文，都让杭州成为一座活在诗歌中的城市。在数字时代，作为阿里、网易等一干互联网巨头的大本营，杭州又多了一顶"电商之都"的桂冠。

同样是从事零售业，拜赐于深厚的文化底蕴，相比数百公里之外的义乌，杭州多了可以说道的品味和互联网的气息。网易考拉开设的首家线下店便是典型一例。

作为新消费的样板间，它少不了一台强大的大数据发动机。

这家门店定位于"海淘爆品店"，在300m²的空间里，陈列了上千种商品，涵盖了美妆、个护、母婴、轻奢、数码家电、运动服饰等几乎所有热门领域，但选品主要依靠网易考拉海购海量的用户消费数据，从全球数十万款进口商品中精选所得。

这上千种商品并非一成不变，而是基于网易考拉海量的进口商品销售数据动态调整，同时以爆款榜单和实体化的"猜你喜欢"形式，为用户提供购买决策指南，对于"选择困难症"患者来说，这确实意义重大。

大数据坚硬科技内核之外，还藏着丁老板一颗温柔的"品味"之心。位于杭州大厦中央商城的网易考拉门店，其设计方为 Apple 旗舰店的设计团队，店内色调通白、配合少许黑色线条。网易考拉海购线下店项目的负责人，把这样的装饰风格称之为"隐"，意在化繁为简地隐藏空间设计，让商品成为空间的主角。

从亚马逊在西雅图开设第一家线下书店，到阿里巴巴在北京打造的"盒区房"概念，再到网易考拉开设的"海淘爆品店"，电商巨头们纷纷下凡线下，并非一时兴起。

首先，这是从信息互联网到价值互联网过渡的大环境使然。

回溯互联网历史，首先实现的是信息传播与分享的线上化，彼时，所有的互联网公司不过作为信息产业中的一小撮，然后才渐次扩展到信息之外的实体经济，这也是为什么马云在 1995 年说在互联网上做生意会被人当成骗子，而丁磊要等到创办网易近 20 年后才开始进入电商。

时势比人强，没有人可以自外于历史潮流，而当下从太平洋东岸到西岸，正在经历的一场变革——从信息互联网到价值互联网这一大转折，物联网的兴起标志着一个线上和线下水乳相融的时代正在到来。今天，人们已经很难说清楚美团是一家科技公司还是一家生活服务商，百度是一家广告公司还是 AI 公司。互联网和传统行业之间的化学反应正在加速进行，传统公司开始触网，互联网公司开始涉足线下，用线上和线下来区分公司的办法已经过时。

其次，具体到电商行业，走向线下是商业模式发展的必然。

当前的电商从线上获取流量和收入，已经进入一个相对稳定期。最近几个季度阿里巴巴的中国零售平台上移动月度活跃用户基本都稳定在 5 亿左右；京东 2017 年第四季度净收入增长 38.7%；据艾媒网报告，网易考拉海购已连续 2 年位居国内跨境进口零售电商市场份额第一。移动大数据服务商极光的报告显示，中国 2017 年网络购物 App 的渗透率从 63.5%增至 69.9%，用户规模增加 1.42 亿，已达 7.13 亿，这也意味着未来的线上市场将进入一个存量时代。

在一个接近定型的电商市场里，要想打破市场格局，必须另辟蹊径。

拼多多关注低线市场、对性价比高度敏感人群，通过进一步下沉线上渠道，获取了大量新用户，从而创造了一个新的线上奇迹；而阿里巴巴则通过盒马生鲜试图激活本地消费；京东的线下拓展选择了无人超市的方式；网易考拉则进一步聚焦中产人群，关注消费需求从"买得到"到"买得好"的升级。

毫无疑问，零售业的下一个大战场，势必还是发生在线下，阿里巴巴、网易、京东、永辉，已经把战壕掘进了街头巷尾。

最后，"回归线下"也是当前网民、特别是互联网重度使用用户的心理共识。

（摘自：创业家）

一、电子商务对社会经济的影响

电子商务的飞速发展增强了信息技术的经济功能，同时，信息技术的发展也推动了电子商务的发展。电子商务的发展对社会经济的信息化，以及经济增长都产生了重大影响。

电子商务作为一种创新的商业交易方式，正在改变着社会经济生活的方方面面，对全球经济、企业经营、政府运作以及公众日常工作生活等都将带来深刻的影响。电子商务正在以各种形式向社会经济生活的各个方面渗透，并成为社会经济生活不可或缺的一部分。

（一）电子商务促进了经济信息化的发展

电子商务的发展使得企业的经营管理方式发生了极大的变化，改变了传统的市场结构，原有的供给推动的经营方式被需求拉动方式所取代，直接经济取代了迂回经济。电子商务的发展为企业减少了大量的人员流动，降低了生产成本，提高了经济效益，促进了经济的快速发展。同时，电子商务的发展带动了社会对信息技术、信息设备的需求，推动了现代化信息产业的进一步发展。

（二）电子商务推动了国际贸易的快速发展

面向全球开放的计算机网络帮助开展电子商务的企业消除了时间和地域的限制，使其建立起了覆盖全球市场的营销体系，可以进行全球范围内的生产和销售，国际贸易活动更加快捷、高效。目前，越来越多的企业参与到国际贸易中来，加强了全球范围内的经贸合作，促进了经济全球化和贸易自由化，促进了全球性、统一性、开放性市场体系的发展，加速了全球经济一体化的进程。

（三）电子商务促使了新兴行业的出现

电子商务的发展使传统的业务过程发生巨大变化，不同类型的业务过程由集中管理变为分散管理，重新整合了社会资源，进一步细化了社会分工，从而促使新兴行业大量涌现。例如，电子商务的发展改变了企业的销售方式和客户的购买方式，网上购物越来越多，以配送为核心业务的现代物流业成为实现网上购物的重要辅助行业。新兴行业发展进一步强化了电子商务在社会经济中的重要地位，提供了更多的就业机会，推动了社会经济的发展。

二、电子商务发展带来的机遇

基于计算机网络的电子商务可以帮助企业在全球范围内以更加低廉的成本，更加高效地完成商业贸易活动，提高企业的经济效益。电子商务的优势具体表现在以下三个方面。

（一）市场范围覆盖全球

目前，互联网已经覆盖了全世界的每个角落，互联网跨越时间、地域的限制，帮助企业在更大程度上、更大范围内获得所需资源，从而为企业提供全天候的、无地域限制的发展空间。对于产品和服务的生产者和销售者，企业可以通过互联网面向全球发布产品，增加产品销售，从而获得良好收益。对于生产原料的需求者，企业可以利用互联网更好地选择供应商和合作伙伴，获得质量更高、价格更低的生产原料。电子商务为企业提供了一个全新的、覆盖全球的大市场。

（二）交易过程快捷、高效

互联网使全球的信息传递更加快捷、高效，大大提高了业务的处理效率。一方面，电子商务采用的数字化信息、EDI 等技术使商业贸易数据实现了标准化、自动化传递和储存。企业原材料的采购、产品的生产与销售等过程可以通过计算机网络迅速完成，克服了传统商业方式中费用高、易出错、处理速度慢等缺点，使整个交易过程变得更加便捷、高效。另一方面，利用即时、非即时通信工具，企业与客户之间在信息交互方面的效率大大提高，企业能够及时对客户的个性化需求做出反应，进而高效率地为客户提供产品和服务。

（三）企业竞争力全面增强

电子商务可以全面支持不同类型的企业实现不同层次的商业目标。通过电子商务，企业可以在互联网上发布产品、服务信息进行宣传；企业可以根据顾客个性化需求，提供优质的产品和服务；企业可以与顾客及时进行信息交互，为客户提供满意的售后服务，增加顾客的满意度，确立企业的市场优势。

视野拓展

车企自建电商平台暗潮涌动　多家车企积极规划

日前，东风汽车的 200 多位营销高管齐聚阿里巴巴总部规划建立的电商平台"东风汽车公司电子商务应用集成平台"。而在此前的 3 月 28 日，上汽集团自建的"车享网"电商平台也已上线。此外，长安、广汽等汽车企业集团也都在近日表达了要自建电商平台的意愿。长安汽车副总裁龚兵表示，除了在天猫和京东上试水电商外，长安汽车今后还将搭建自有的电商品牌。而广汽乘用车总经理助理兼销售部长肖勇也表示，除了现有品牌外，主机厂也应考虑自建"品牌商城"。一场车企自建电商平台的暗潮正在涌动。

第三条电商路径

事实上，目前汽车电商的模式主要有三类：第一类是以天猫、京东为代表的传统电商平台，第二类是以易车、汽车之家为代表的垂直类网站，第三类即为以上汽车享网为代表的车企自建电商平台。

汽车分析师钟师分析，虽然自建电商平台更符合车企长远利益需求，但却面临着专业化程度与互联网企业差距明显，且难以通过外包等途径解决难题。他表示，三类电商平台各有优势，在未来相当长的阶段中仍将并存。

互联网思维下的"野心"

据统计，上汽集团投入 2 亿元打造车享网，截至目前仅实现销量 2 000 余辆。单从销量来计算，投入与收益差距颇大，然而将目光移至车企决策方面，上汽的做法可谓深谋远虑。通过自建的电商平台，车企可以对客户信息进行深度分析，针对不同消费者推行"精准式"营销。东风汽车公司总经理朱福寿介绍，"目前正向开发一款汽车需要约 20 亿元"，在他看来，基于互联网的大数据分析，将改变传统的用户调研模式，降低研发成本同时确保产品成功率的提升。

值得关注的是，作为电商平台，未来承担的并非仅仅是新车销售业务，更包含维修、保养等大量后市场业务。"销售、服务及后市场等服务环节未来与互联网产生化学反应的可能性最大"，钟师表示，车企自建电商的做法无疑是想将这种化学反应的控制权及产生的收益牢控在自己手中。

不惜重本自建电商平台，表明了车企正积极靠拢真正汽车电商化的态度。然而，对互联网这种新事物而言，汽车厂商更需要一场观念上的革命。正如东风公司董事长徐平所说，"互联网的发展并不能为每一个汽车制造商都带来机遇。互联网给汽车制造商带来的一系列机遇是基于这些企业能够尽早、主动、有效地与互联网相融入。"

（改编自：腾讯网）

三、电子商务发展面临的挑战

（一）电子商务的资金及信息安全问题

由于网络技术的飞速发展，电子商务成为 IT 行业最有潜力的新的增长点。但是在开放的互联网上进行交易，如何保证资金和信息数据传输的安全成为影响电子商务发展的最重要的因素之一。据某市场调研公司对电子商务应用前景的在线调查分析显示，绝大多数不愿意使用网上购物的人主要是担心自身资金安全及个人信息泄露。所以，加强电子商务的资金和信息数据传输安全成为电子商务发展需要解决的一个关键问题。

（二）电子商务的法律问题

传统商业交易所采取的书面合同已经无法适应电子商务的发展。但是电子合同存在容易伪造、对数字印章和签名的唯一性和保密性进行准确无误的认定等技术性难题，并且现有的法律法规还未对电子合同进行有效的规范。如何保证电子商务活动中电子合同的有效性及电子印章和电子签名的有效性，成为保证电子商务发展的重要因素之一。

（三）电子商务管理的问题

电子商务的发展带来了全新的商业模式和商业规则，这就要求了更加严格、规范、有效的管理。电子商务管理是指为实现企业战略目标对电子商务应用中技术和商业及其创新活动进行计划、组织、领导和控制的过程。传统行业由于经验略有不足及现有技术的限制，电子商务管理成了制约电商进一步发展的瓶颈，如何寻求一个突破口，开发一套独立的、适用于大众的电子商务管理体系成为众多电子商务从业者的当务之急。

视野拓展

纯电商企业笛莎的新零售之道

1. 笛莎童装的企业概况与市场地位

笛莎是 2010 年成立的一家公司，消费者主要定位于 3~12 岁的女童，2010 年之后的几年电子商务处于一个快速发展的时期，整个公司的发展比较顺利，经过 7 年的发展，笛莎童装目前是女童装行业里排名第一的品牌，在整个互联网童装品牌中也名列前茅。

2. 对于快速扩店怎么看

2015 年 10 月 1 日笛莎开了第一家实体店，目前有近 60 家店，其中 40 家在江苏；自 2017 年开始山东、河南、浙江等都有开店，主要集中在华东，江苏是重地。粗放式地开店的话，会走上过去的老路，现在应该用新的零售的理念来做当下的门店，更加注重客户的体验，不会追求规模的数量。

3. 笛莎童装是如何玩转新零售的

2016 年 10 月 23 日马云提出"新零售"概念，概念背后的本质是效率的提升。新零售不再分线上线下，对消费者而言，他们感知的是品牌，在任何渠道里感受到的产品是一样的，新零售是去掉线上线下的边界。要做好新零售，首先要做到商品的融合，线上线下做融合；其次，未来是基于服务的融合，消费者无边界购物，然后是基于数据的融合，通过数据分析来做品牌的运营。过去是以商品为核心的运营，现在是基于消费者的需求为核心的运营。

4. 消费者发生了哪些变化

消费者在线上与线下渠道相互转换，以前二、三线城市是笛莎主力消费人群，现在反而是一线城市的消费人群，增长速度超出想象，本质是消费者的需求得到了满足。

项目小结

本项目主要介绍了电子商务的发展对社会经济的影响，以及电子商务的发展对企业发展带来的机遇与挑战，并简单介绍了纯电商企业如何转变成新零售、全渠道运作。

项目训练

一、知识回眸

1. 电子商务发展对经济发展的影响有哪些？
2. 电子商务的优势有哪些？
3. 电子商务可能带来的问题有哪些？

二、能力提升

作为一家纯电商零售企业（以笛莎为例），前几年也遭遇业绩增长乏力，竞争白热化。试分析应该如何挖掘新零售工具与方式的价值？可具体用到哪些方式？

项目三　连锁企业电子商务策略

📖 项目目标

知识目标：了解电子商务对连锁企业的影响，理解电子商务对连锁企业发展的必要性。

能力目标：通过学习理解电子商务对连锁企业的重要性，培养对电子商务的理解能力。

🔘 案例导入

超级物种加速布局　深圳第7家店进驻龙岗区

2018年4月26日，深圳第7家超级物种在龙岗区正式开业，至此，作为新零售业态典型代表的超级物种已在全国11个城市布局39家门店。

本次深圳龙岗店开业，除了线上APP消费满399送波士顿龙虾、礼品券等，超级物种还推出了多种丰富的互动营销。

品牌体系成熟，在深圳加密布局。2017年6月30日，超级物种步入深圳市场，第一家门店位于福田区华强北路，首店开业后吸引了当地众多消费者到店体验。半年间，超级物种快速拓展到深圳福田区、南山区和宝安区，布点密度不断加大。在福田区华强北路、卓越INTOWN购物中心、星河COCOPARK、南山区深圳湾科技生态园、深圳湾创业投资大厦、宝安区海雅缤纷城开设了6家门店。

在此过程中，超级物种在深圳的品牌集聚效应日益显著，在消费者中的知名度提升，龙岗区门店开业后，超级物种将能辐射到城市东北部，为更多深圳市民带去新鲜的生鲜产品。

产品迭代加快，场景体验优化。深圳龙岗区超级物种面积约 700 m²，拥有波龙工坊、鲑鱼工坊、盒牛工坊、生活果坊、有机馆五个小物种。在超级物种门店，消费者一方面可选购全球直采的品质商品；另一方面，门店各工坊可为消费者现场烹饪波士顿龙虾、法罗群岛三文鱼、澳洲牛排等在售品，这种"生鲜餐饮+零售为主"的体验式消费，吸引了大量年轻客群。

基于永辉全球供应链，选择最优产区的商品进行培育，孵化物种。为快速进行新品研发、迭代，不仅已在福州启用超级研习社，上海投产筹建的超级研习社也即将落成启用。多种菜系资深厨师进行新品研发，春季以来，推出了波龙海鲜汤、泰式咖喱青蟹、南非岩龙虾、鲑鱼工坊炙烤巴沙鱼、比目鱼三文鱼饭、九宫格压寿司、天妇罗寿司、盒牛工坊、法式香草羊腱子、台式黑椒猪肉香肠等多种新品，为消费者带来更丰富的口味体验。

超级物种也在持续迭代线下场景，优化线上平台的购物功能。门店内应用永辉自主研发的自助收银系统，消费者可通过"永辉生活App"、微信小程序扫描商品电子价签或条码直接在线购买，免排队等待；近期将上线人脸支付功能，消费者在门店可以即买即用即走。

同时，门店覆盖的 3 km 范围内，消费者可通过永辉生活App、微信小程序在线购买新鲜的果蔬、鱼肉等，由超级物种门店配送，最快 30 分钟送达，保证新鲜及口感。今年微信小程序推出了"礼品卡"服务，接下来还会强化更多智能科技体验、提高配送效率。

超级物种目前已在北京、福州、厦门、蒲田、深圳、南京、杭州、上海、成都、重庆等城市落地 39 家门店，预计 2018 年将超过 100 家。在新零售的竞争迭代中，超级物种线上线下流量转化的能力持续提高，开店布局将迎来新一波的提速期。

（改编自：联商网）

一、传统连锁零售企业的发展现状

（一）传统连锁零售业现状

2012 年以来，受到国内及国际经济环境变化的影响，加之金融危机后国内房租、人工费用等生产成本持续上涨，使得企业利润空间不断缩减，连锁零售企业普遍出现销售增长乏力现象，许多企业采取减慢开店速度的方式加以应对。加之物价上涨的原因，消费者消费信心有所减弱，消费行为趋于理性，传统连锁零售企业只有谋求新的出路才能挽回不利局面。

（二）传统连锁零售企业发展中存在的不足

1. 传统连锁零售企业的店铺数量不够合理，规模一般较小

为了在与大型跨国连锁零售企业和新兴电子零售业的竞争中取得优势，国内传统零售企业部分采取了盲目扩张的经营策略，企业没有依据自身实际情况选择经营策略，较低的

企业管理水平和供应链管理水平使得企业无法获得预期规模效益，反而增加了企业的管理成本，导致企业的利润水平大幅降低，使企业处于劣势。

2. 物流管理系统效率低下

企业物流管理系统的效率是决定连锁零售企业整个供应链管理运营成本的重要因素。目前国内连锁零售企业的物流基础设施落后，现代物流管理技术落后，加之企业的物流管理系统还处于滞后状态，未能形成一整套完整的物流管理体系，导致国内连锁零售业物流整体运作成本偏高，制约了国内连锁零售企业的发展。

3. 商品库存管理成本较高

由于国内传统连锁零售企业实力相对较弱，管理水平相对有限，大多数企业仅仅利用仓库的简易功能来存放商品，致使仓库功能单一。另外，由于采购管理系统和物流管理系统技术的薄弱，使得企业存货周转率不高，降低了企业资金的使用效率，增加了企业生产成本，企业生产经营的连续性有所下降。

二、电子商务的发展状况及其对传统连锁零售企业的冲击

（一）电子商务的发展状况

中国电子商务市场数据监测报告显示：2017年上半年中国电子商务交易额13.35万亿元，同比增长27.1%。其中，B2B市场交易额为9.8万亿元，网络零售市场交易额为3.1万亿元，生活服务电商交易额为0.45万亿元，如图5-1所示。

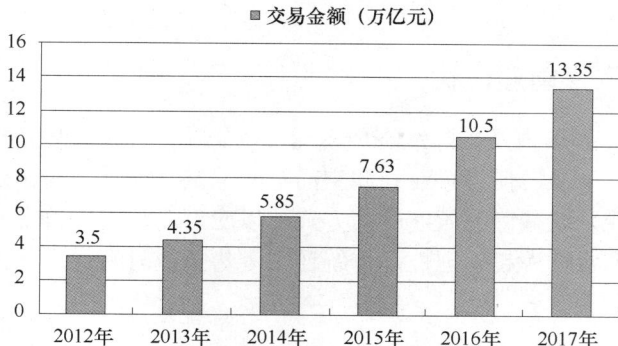

图 5-1　2012—2017年（上）中国电子商务市场交易规模

目前，电子商务已经与国民经济深度融合，涉及制造业、零售业、服务业、金融业等，如图5-2所示。

图 5-2　电子商务与国民经济深度融合产业图

制造业中，电子商务商品主要为大宗品和工业品，主要的模式为：B2B、B2C、B2B2C、B2G、B2R、B2S、电子交易等。主要企业包括：生意宝、慧聪网、中国服装网、敦煌网、阿里巴巴、思佳捷、合众、招标采购在线等。

零售业中，电子商务主要涉及消费品，主要模式为：C2C、B2C、C2B、M2C、小额外贸、移动电商等。主要企业包括：淘宝网、兰亭集势、苏宁易购、京东、1 号店、当当网、易趣网、易迅网、天猫等。

服务业中，电子商务主要涉及服务商品，主要模式为：团购、O2O、B2C、OTA 等。主要企业包括：拉手网、美团网、大众点评、58 同城、同程网、携程网、蚂蚁短租、一嗨租车、去哪儿等。

金融业中，电子商务主要涉及金融产品，主要模式为：P2P、网络支付、金融网销、银行电商、虚拟货币、电商金融、众筹等。主要企业包括：财付通、人人贷、支付宝、汇付天下、快钱、拍拍贷、天使汇、陆金所。

（二）电子商务发展对传统连锁零售企业的冲击

据中国电子商务研究中心监测数据显示，截至 2016 年中国网络零售市场交易规模达53 288 亿元，相比 2015 年的 38 285 亿元同比增长 39.1%，2017 年达到 75 693 亿元，如图 5-3 所示。

■ 交易规模（亿元）

图 5-3　2012—2016 年中国网络零售市场交易规模

电子商务正以惊人的速度不断发展，对传统连锁零售企业产生巨大冲击。另外，网上购物规模占社会消费品零售总规模的比例不断提高表明电子商务的规模也在不断扩大。另外，网上购物相关法律规范不断的建立完善，网民网上购物的消费习惯的养成，以及网络环境的不断改善，都标志着电子商务正向成熟方向发展。电子商务也必然会成为未来零售行业的发展趋势。传统连锁零售企业如何在激烈的电子商务竞争中生存和发展成为摆在传统连锁零售企业发展面前最严峻的问题之一。

视野拓展

从马云和刘强东的新项目看未来电子商务四个趋势

如果说 2016 年共享单车成为风口的话，那么 2017 的风口就是无人零售，亚马逊、阿里巴巴以及其他巨头都开始布局这个市场。随着物联网、人工智能等新技术的日益完善，快消品行业的销售模式、营运模式将带来天翻地覆的变革。

作为电子商务之都的杭州，还将落户首家互联网法院，让互联网经济、电子商务向着有序规范的方向发展。在第二届中国"互联网+快消品"高峰论坛上，杭州电子商务协会对于未来电子商务的发展，提出了四个观点。

1. 社会化

电子商务自诞生之日起，便天生具有"社会化"的特征。而这种"社会化"的特征在社交网络、微博等社会化媒体的驱动下显得更为突出。

社会化媒体与电子商务的结合，所形成的社会化电子商务已经崭露头角。社会化电商的切入点在于通过在线人际互动来进行商务活动，基于信息、位置等的间接人际互动也格外重要。

2. 移动化

目前除了传统电子商务运营商布局移动商务，相对独立的移动电子商务平台也开始走进人们的生活中。

围绕社会化媒体、手机支付、搜索、娱乐，以及企业级应用等商务模式是未来移动电子商务值得关注的领域。尤其需要指出的农村手机网民数量在急剧增长，因此，移动电子商务可以在这一领域有所作为。

3. 垂直化与平台化并进

仔细回顾电子商务的发展历程，会发现一个有趣的现象，垂直化与平台化一直在齐头并进，一些大型电商平台大多经历了从垂直化向平台化演进的踪迹，如亚马逊等从单一的图书、音像平台发展成为销售各类商品的电商巨头。

与此同时，我们也发现，大型电子商务平台也在对市场进行细分，推出垂直化平台。垂直型电商平台由于对某一特定行业、某一特定消费人群等进行深耕细作，由于其专业性等优势，更容易为用户提供高质量的服务，从而获得用户的认同。

4. 线上与线下融合

电子商务发展至今，一个显著的特点是线上与线下的界限在逐渐模糊，呈现出相互融合之势。未来电子商务的发展不会局限于单一模式，而是多种模式的复合体。

未来电子商务的发展可能会建立在"移动性"基础上，将社会化、本地化等融入电子商务中；就行业发展而言，垂直电子商务与平台化电子商务仍将并存；同时，传统企业与电商企业的线上、线下业务融合趋势会越来越明显；从地理空间的角度来看，电子商务的全球化趋势越来越近。

（改编自：联商网）

三、传统连锁零售企业发展电子商务的优势

1. 传统连锁零售企业得到发展完善

电子商务是建立在传统商务的基础上的新发展，而传统连锁零售企业发展电子商务更是有着天然优势。一方面，可以降低各种生产成本，包括店面的租金、员工人工费用、分销商或零售商的周转费用等；另一方面，可以降低其供应链成员之间的消息不对称，从而提高贸易效率，减少了长鞭效应带来的损失。同时传统连锁零售企业也可以充分利用便捷网络找到能够提供稳定货源、价廉物美的供货商。

2. 全天候服务，满足个性化需求

电子商务网络营销突破了地域、时间的限制，传统连锁零售企业以实体店为主、网点经营为辅的经营模式突破了在经营规模、营业时间和地理位置的限制，能够全天候的为顾

客服务。实体店与网店可以实行差异化的销售模式，这样不仅可以避免销售冲突，网店以其独特性通过不同形式的促销活动，可以满足消费者的个性化需求，还可以网罗到不同的消费人群。

3. 线上下单，线下体验、取货

线下购物相比网络购物可以更加近距离了解商品信息，如颜色、尺寸、材质等，还可以进行试穿、试用，有实体店商为产品和服务提供质量保证和售后服务保障。而网络购物利用计算机网络进行信息的发布，其在及时性和节约成本上比传统连锁零售更具有优势。而网上下单，线下体验、取货不仅打消了消费者对网上购物的不安感，同时还可以以优质的服务和个性化的体验吸引到更多的消费者，有利于提高企业的信誉和知名度。

四、传统连锁零售企业电子商务应用策略

（一）对于较有实力的连锁零售企业，可以采取价值链集成模式

价值链集成就是在客户、企业、供应商及其他业务伙伴之间，实现业务流程和信息系统的融合，以达到经营运作一体化的目的。此模式可以培养企业内部的核心竞争力，最大限度地减少企业对外部组织的依赖。同时，企业对信息技术投入大量资金，在价值链集成中可以起到主导地位。价值链集成模式可以采取以下措施。

1. 制定全局性的电子商务应用规划

连锁零售企业的最大特点之一就是总部、配送中心和各连锁门店的地理位置分散，相互之间通过方便快捷的方式进行信息的交换和共享，以提高自身的整体竞争力。由于连锁企业的各门店的销售和库存等信息以及各配送中心配送商品的需求量和库存量都由总部统一、及时掌握，所以企业需要考虑现有的管理水平和企业的整体规划，做全局的、统一的战略规划，以便于做出正确的经营分析和决策。因此，连锁企业应将电子商务规划、控制和标准制定进行集中管理，保证电子商务应用系统的高度一致。同时，制定 3~5 年的长远规划，分阶段实施，划分好每个阶段的实施重点。

2. 应用阶段性目标策略

连锁零售企业实施电子商务是一项系统工程，具有涉及面广、周期长、风险大的特点，因此，企业在发展电子商务时一定要按照自己的实际情况和战略规划来实施策略，制定阶段性目标。制定阶段性目标时应掌握"先内部，后外部；先基础，后高端"的原则。即应当先建设企业内部网络，理顺内部的信息通路，再扩展外部计算机网络，来实现由内向外的电子商务发展模式。同时，企业在应用电子商务时应注意先从基础做起，再向智能化电子商务发展。

（二）对于广大中小连锁零售企业，则可以采取战略联盟模式

战略联盟模式就是两个或两个以上的企业或跨国公司为了达到共同的战略目标而采取的相互合作、共担风险、共享利益的联合行动模式。由于产品特点、行业性质、竞争程度、企业目标和自身优势等因素的差异，企业建材区的战略联盟形式也呈现多样性，如联合技术开发、合作生产与后勤供应、分销协议、合资经营等。

我国中小连锁零售企业规模相对有限，在资金和管理方面的实力较弱，发展电子商务可以帮助他们提高经营和管理效率，利用计算机网络赢得市场，创造新的营销手段，参与到大企业之间的竞争中去。但由于中小企业自身实力的限制，在电子商务发展时往往无法获得成功。因此，采取战略联盟发展模式或借助于成熟的第三方电子商务平台成了中小企业发展电子商务的主要模式。同时电子商务平台企业也十分渴求与传统企业合作，以较低的资金投入迅速提高知名度，抢占市场。

📚 视野拓展

日媒评盒马模式：拥有先发优势　将面对更激烈竞争

日本共同社刊登文章称，中国最大的电子商务企业阿里巴巴旗下实体店盒马鲜生正在迅速占领市场。盒马鲜生通过互联网技术构筑能够为消费者快速提供食材的新商业模式，引起了其他互联网巨头跟进追随。

共同社称，盒马鲜生通过网络购物所培养的采购网络，实现了源自国内外的丰富商品品类。在库存管理中活用大数据，减少销售剩余。例如，生鲜蔬菜和农民共享信息，将每天的收获量和接下来做的品种进行细致的调整。同时，店内现金支付很少，店铺本身也兼具线上购物的仓库功能。

2017 年中国商业领域，新零售成为最热词。近几年，线下零售业发展乏力，甚至出现负增长的状况。盒马鲜生首家门店上海金桥店通过 1 年时间实现盈利，其线上与线下占比为 7∶3，坪效为传统超市 3～5 倍的成绩，引起互联网行业和零售行业的共同关注。分析认为，盒马所代表的新模式，为整个零售业转型升级带来新的希望。

截至 2018 年春节前，盒马鲜生快速在 9 个城市布局 35 家店铺，创造了新零售发展的盒马速度。

在盒马鲜生北京十里堡店内，"巨大的活鱼缸内拥有俄罗斯产帝王蟹和加拿大产龙虾等大量的海产品"全球化的采购体系，让盒马可以为消费者提供来自近百个国家的特色商品；门店加工堂食更是让都市"懒人"们，可以随时一饱口福。

"客人可以从自己的家里订购，店员在店内拣货，如果是 3 公里范围内的话，30 分钟内可以免费配送。在该店的网络订单的销售额占总体的 70%，比来店的客人还要多。"共同社写道。

盒马整个业态都基于新零售而生，将线上与线下连为一体，在门店中聚合了超市、餐饮、电商、物流中心四大业态。通过大数据、物联网等先进技术，实现人、货、场三者之间的最优化匹配，从供应链、仓储到配送，盒马都有自己的完整物流体系，大大提升了物流效率。

2017 年盒马模式获得用户、商业的认可后，互联网、零售、商业地产领域的巨头们也快速跟进，纷纷布局自己的新零售门店。共同社认为，盒马鲜生拥有先发优势，但未来无疑也将应对更激烈的跟随和竞争。

（改编自：环球网）

项目小结

本项目主要介绍了电子商务发展的状况及其对连锁企业带来的影响，还介绍了连锁企业发展电子商务的优势及应用策略。通过案例导入和视野拓展展望了新零售背景下，实体企业的发展出路。

项目训练

一、知识回眸

1. 传统连锁零售企业发展电子商务的优势有哪些？
2. 传统连锁零售企业电子商务应用策略有几种？分别是什么？

二、能力提升

无论是马云提出的"新零售"、刘强东提出的"第四次零售革命"还是张近东提出的"智慧零售"，归根到底，是对传统零售模式的重塑变革，本质在于"线上+线下+物流"的融合与贯通，最终目的在于带来消费者购物体验的提升和企业运营效率的提高。请思考传统零售企业应该怎样重塑变革？

模块六

连锁企业信息管理实训

实训项目一　基本资料设置

一、实训目的

通过实训，使学生掌握权限设置和部门设置、系统设置的方法与步骤。

二、实训任务及要求

通过系统操作，掌握系统设置、前台 POS 设置，掌握权限划分，部门设置的方法及步骤。

三、实训仪器

计算机、后台信息管理系统。

四、实训准备

根据教学班级学生人数来确定小组，一般 3～4 人一组，选出组长，小组中要合理分工，调动每个成员的积极性。

五、实训内容及步骤

1. 系统设置

学生三人一组，根据业务需求初始化设置系统参数。操作位置：系统管理→系统设置和前台 POS 设置。

2. 操作员管理和授权

操作员管理中分为操作员角色和具体操作员，操作角色为操作员的组合。

操作员权限是按角色进行分配，即按操作员组合分配，具体的权限是分模块进行管理，如：基本信息、进货管理、批发管理、仓库管理、财务管理、卖场管理、联营管理、经理查询、系统管理、其他。对于具体的权限又按级分配，按打开、查看、编辑、审核和设置等权限进行授权。

六、考核要点及分值

序号	考核点	分值（百分比）
1	操作正确性	50%
2	熟练程度	30%
3	工作态度	20%

实训项目二　供应商管理与商品管理

一、实训目的

通过实训，使学生熟练掌握供应商引进和新商品引进的方法，掌握信息系统中供应商与商品基本管理方法。

二、实训任务及要求

通过管理信息系统操作，使学生能够熟练掌握供应商和商品信息设置方法。

三、实训仪器

计算机、后台管理系统。

四、实训准备

根据教学班级学生人数来确定小组，一般 3～4 人一组，选出组长，小组中要合理分工，调动每个成员的积极性。

五、实训内容及步骤

（1）需要建档的内容：商品基本信息、类别信息、包装信息、仓库信息、供应商信息、大客户信息、币种信息、付款信息、费用信息等。

（2）建立商品类别信息，泰格系统类别信息可以支持三级类别。如：10 干食品、1010 糖果、101011 散装糖果。

（3）建立包装信息，包装信息是指包、盒、瓶等。

（4）建立仓库信息，可以根据系统需要，建立多级仓库信息，如：11 总仓、1101 成品仓。

（5）建立区域信息，区域信息指的地域如：深圳、广州等。

（6）建立供应商档案。

录入供应商编码：名称，选择供应商所在区域。

选择供应商的付款条件：不指定结账周期，即在具体每次采购进货时，才指定付款日期。指定结账周期，指定结账周期是多少天，在每次采购进货入库的日期加上结账周期才是付款日期。指定结账日期，指定每月几日，在每次采购进货以后，结账日期必须在每月的指定日期才是付款结账。货到付款，即现款采购，现款结账方式。

录入供应商的其他地址、联系方式、联系人等其他附加信息。

（7）建立批发大客户信息，录入内容与供应商信息雷同。

（8）建立商品档案信息。

商品基本信息用于建立商品条码、店内码/货号、商品名称、价格、包装单位、类别、品牌、进货大单位、包装数、采购周期、到货周期、供应商、联营专柜编码、进项税、销项税、商品称重标识、商品打折标识、商品禁用标识等属性。

六、考核要点及分值

序号	考核点	分值（百分比）
1	操作正确性	50%
2	熟练程度	30%
3	工作态度	20%

实训项目三 采购管理

一、实训目的

通过实训，使学生掌握门店进货的方法。

二、实训任务及要求

到实训室模拟门店进货过程，并能正确制作采购单和进货单等各种单据。

三、实训仪器

计算机、后台管理系统。

四、实训准备

根据教学班级学生人数来确定小组，一般 3～4 人一组，选出组长，小组中要合理分工，调动每个成员的积极性。

五、实训内容及步骤

1. 建立供应商与商品的关系

建立供应商和供货的商品价格和约定价格的有效期，与供应商的合同文本内容可以在供应商合同内录入。

2. 录入供应商合同

3. 制定商品的采购订单

采购订单也可以通过智能补货，进行自动生成。采购之前，通常制订采购计划（可以支持不做订单，直接做进货入库单入货），采购订单不仅可以作为采购计划，还可以作为进货入库的原始凭证。

4. 填制进货入库单

商品到货后，验收入库。制定商品入库单，可以直接调用采购订单，通过修改商品数量后，直接进货入库。

5. 填制赠送入库单

供应商赠送商品入库，通过赠送入库单来实现。赠送商品单价系统默认为 0。用户可根据实际情况修改。

6. 采购退货

向供应商退货，采购退货单可以按单退货，也可以不按单退货，按单退货又可以分成整单退货和部分退货，系统可以调出原始单据（采购入库单）并自动生成商品退货单。

7. 供应商费用单

与供应商达成的各种约定，如进场费、赞助费、管理费、罚款等费用，可以通过供应商费用单方式进行记录。

8. 智能补货

系统根据补货条件自动生成需补货的商品数量，同时可以根据商品的属性，直接生成按不同供应商的采购订单。可以直接调出该采购订单，直接采购进货。

六、考核要点及分值

序号	考核点	分值（百分比）
1	操作正确性	50%
2	熟练程度	30%
3	工作态度	20%

实训项目四　收银机管理

一、实训目的

通过实训，使学生掌握收银机设置和操作方法。

二、实训任务及要求

通过前台 POS 设置，掌握 POS 设置和操作，能够熟练利用收银机进行前台销售。

三、实训仪器

计算机、后台管理系统、POS 机。

四、实训准备

根据教学班级学生人数来确定小组，一般 3～4 人一组，选出组长，小组中要合理分工，调动每个成员的积极性。

五、实训内容及步骤

1. 商品的日常销售
扫描枪扫描商品或手工输入商品条码后进行操作。

2. 部类商品的销售
前台 POS 零售涵盖所有的前台收银功能。

3. 折扣/让利
折扣分为单笔打折和整单打折，单笔打折，就是针对某个商品进行打折，整单打折让利就是针对所购买的所有商品进行打折和让利。

4. 挂单/解挂

由于一些商品无法立即确认或顾客的原因，需要将正在处理的交易暂停下来，以尽快处理下一笔交易，则可进行挂单处理。本系统可支持的挂单量 1 000 条。

5. 退货

注意：退货交易应该单独处理，与正常销售分开。对于退货操作，要求收银员具有相应的权限。若收银员有退货操作权限，可直接执行退货。若没有此权限，会出现高阶授权新的窗口，要求具有相应权限的收银员输入其代码和口令帮助您完成退货交易。

6. 赠送

注意：赠送交易应该单独处理，与正常销售分开。对于赠送操作，要求收银员具有相应的权限。若收银员有赠送操作权限，可直接执行赠送操作。若没有此权限，要求具有相应权限的收银员输入其代码和口令帮助您完成此笔交易。

7. 作废/取消

通常，在输入数据时若出错，只要未按任何功能键之前，均可通过键盘上的 [后退]键来校正。如果在销售期间出错或直到输入其他商品之后才发现错误，可取消或作废出错的商品信息。

取消分为单笔取消和整单取消两类。

8. 会员卡，储值卡，多币种，银联，现金券等多种交易方式

六、考核要点及分值

序号	考核点	分值（百分比）
1	操作正确性	50%
2	熟练程度	30%
3	工作态度	20%

实训项目五　库存管理

一、实训目的

通过实训，使学生掌握库存商品管理的基本方法。

二、实训任务及要求

通过系统操作，掌握库存商品管理。

三、实训仪器

计算机、后台管理系统。

四、实训准备

根据教学班级学生人数来确定小组，一般 3～4 人一组，选出组长，小组中要合理分工，调动每个成员的积极性。

五、实训步骤

库存管理业务主要包括商品仓库调拨、内部报损、内部领用、仓库盘点、安全库存报警、超额库存报警等。

（1）货架资料和货架商品，录入商场的所有货架和货架上对应的商品，方便手工盘点空单打印。

（2）库存管理业务。

（3）商品调拨。

（4）报损单和领用单的填制。

（5）商品实时库存查询。

六、考核要点及分值

序号	考核点	分值（百分比）
1	操作正确性	50%
2	熟练程度	30%
3	工作态度	20%

实训项目六　盘点管理

一、实训目的

通过实训，掌握盘点表的制作方法和盘点的系统操作方法。

二、实训任务及要求

通过上机模拟操作，能够熟练掌握盘点工作。

三、实训仪器

计算机、后台管理系统。

四、实训准备

根据教学班级学生人数来确定小组，一般 3～4 人一组，选出组长，小组中要合理分工，调动每个成员的积极性。

五、实训内容及步骤

（1）盘点初始化。

（2）打印空白盘点单。

（3）手工盘点。

（4）盘点单录入。

（5）盘点盈亏处理。

（6）盘点机盘点。

六、考核要点及分值

序号	考核点	分值（百分比）
1	操作正确性	50%
2	熟练程度	30%
3	工作态度	20%

实训项目七　促销管理及会员管理

一、实训目的

通过实训，掌握促销管理及会员管理的方法。

二、实训任务及要求

上机模拟操作，能够熟练进行促销方案的设计，掌握会员管理方法。

三、实训仪器

计算机、后台管理系统。

四、实训准备

根据教学班级学生人数来确定小组，一般 3~4 人一组，选出组长，小组中要合理分工，调动每个成员的积极性。

五、实训内容及步骤

1. 促销管理

（1）零售特价：零售特价可以通过"零售特价单"来实现，选择特价商品，输入特价时间和特价数量。

（2）固定时间特价：如：面包当天有效，就可以在每天的下班高峰期，5:00—8:00 采用特价的方式来促销。

（3）超量购买特价：比如可乐一瓶 RMB 3.00，购买 10 瓶以上，则可享受一瓶 RMB 2.80。即数量少于 10 件就无法享受商品特价，购买数量超过 10 件方可享受特价。

（4）限量购买特价：即特价商品对于每客进行限量购买，在所限数量内享受特价，超出的数量按正常价格购买。

（5）赠品：赠品买一送一或买多送一，通过商品促销赠送单来实现。

2. 会员管理

3. 储值卡管理

六、考核要点及分值

序号	考核点	分值（百分比）
1	操作正确性	50%
2	熟练程度	30%
3	工作态度	20%

实训项目八 销售数据统计分析

一、实训目的

通过实训，使学生掌握销售数据统计分析的报表。

二、实训任务及要求

通过后台系统管理，掌握销售数据统计分析。

三、实训仪器

计算机、后台管理系统。

四、实训准备

根据教学班级学生人数来确定小组，一般 3～4 人一组，选出组长，小组中要合理分工，调动每个成员的积极性。

五、实训内容及步骤

对实训室商品经营过程中所发生的日常业务的汇总和统计。

（1）进销存分析报表。

（2）销售排行报表。

（3）销售分析报表。

（4）毛利分析报表。

（5）库存分析报表。

（6）客单量报表。

（7）营业汇总日报表，可以查看每日的营业销售状况，以及各类的毛利状况。

（8）商品毛利月报表。

（9）商品大类毛利报表、商品中类毛利报表、商品小类毛利报表，查询时可以使用供应商代码的前几位和类别代码的前几位查询。

六、考核要点及分值

序号	考核点	分值（百分比）
1	操作正确性	50%
2	熟练程度	30%
3	工作态度	20%

综合模拟练习一

一、单项选择题（本大题共 10 小题，在每小题列出的四个备选项中只有一个是符合题目要求的，请将其代码写在题后的括号内。错选、多选或未选均无分。每小题 2 分，共 20 分）

1. 商业增值网络的英文简称为（　　　）。

   A. POS　　　　　　　B. MIS　　　　　　　C. EOS　　　　　　　D. VAN

2. 商品营销方式中，商品的所有权不转移，以实际销售的数量，按约定好的价格结算，这种营销方式为（　　　）。

   A. 经销　　　　　　　B. 代销　　　　　　　C. 联销　　　　　　　D. 包销

3. 收银机一定要配备（　　　），如果停电，其能保证收银机正常使用一定时间，从而将运行数据保存在本地数据库中。

   A. UPS　　　　　　　B. PLU　　　　　　　C. NLU　　　　　　　D. EOS

4. 在数据库系统中，数据安全至关重要。（　　　）就是复制数据，是维护数据安全的重要手段之一。

   A. 数据清除　　　　　B. 数据恢复　　　　　C. 数据备份　　　　　D. 数据清洗

5. 用于期刊号 ISSN 的是（　　　）。

   A. 前缀 692　　　　　B. 前缀 691　　　　　C. 前缀 978　　　　　D. 前缀 977

6. （　　　）是当今世界上广为使用的商品条码，已成为电子数据交换的基础。

   A. UPC 码　　　　　B. EAN 码　　　　　C. Code-39 码　　　　D. ISBN 码

7. 光明特浓鲜奶的 EAN 条码为 6901209312953，其中 31295 是（　　　）。

   A. 前缀码　　　　　　　　　　　　　　　B. 厂商识别码

   C. 商品项目代码　　　　　　　　　　　　D. 校验码

8. 连锁经营管理的核心是（　　　）。

   A. 门店　　　　　　　　　　　　　　　　B. 总部

   C. 配送中心　　　　　　　　　　　　　　D. 运输

9. 在商品基本资料维护中，不属于输入码的是哪一项？（　　　）

   A. 金额条码　　　　　　　　　　　　　　B. 普通代码

   C. 盘点金额　　　　　　　　　　　　　　D. 数量条码

10. 在数据通信方式中，哪个是公用电话交换网？（　　　）

   A. PSTN　　　　　　B. ISDN　　　　　　C. DDN　　　　　　D. ADSL

二、多项选择题（在每小题的五个备选答案中，选出二至五个正确答案，并将正确答案的序号分别填在题干的括号内，多选、少选、错选均不得分。每小题2分，共10分）

11. 管理信息系统提供三种盘点手段（　　　）。
    A. 盘点机　　　　　　　　　　　　B. 盘点单
    C. 收银机辅助盘点　　　　　　　　D. 打印盘点

12. 对于一个商品有多个供应商的情况，商场可以根据（　　）原则进行结算。
    A. 先进后出　　　B. 低价优先　　　C. 平均分配　　　D. 进货占比

13. 下列哪些是正确的？（　　　　）
    A. 调价单只改变商品基本信息中的进价，该商品原有库存成本不发生改变
    B. 调价单改变商品基本信息中的进价和库存成本
    C. 调价单用于调整商品的进货价、批发价和零售价
    D. 调价单只改变原有库存成本，该商品基本信息中的进价不发生改变

14. 一般销售过程可以分为三个步骤（　　　）。
    A. 输入营业员与柜组　　　　　　　B. 编辑销售商品
    C. 交易汇总信息　　　　　　　　　D. 促销管理

15. POS机应具备的功能包括（　　　）。
    A. 防震　　　　　B. 防高温　　　　C. 防水　　　　D. 防空

三、填空题（本大题共7小题，请在每小题的空格中填上正确答案。错填、不填均无分。每空1分，共15分）

16. 某连锁门店准备在平安夜进行凌晨一个小时抢购促销活动，该门店后台管理信息系统应该进行的操作是_____。

17. 在库存管理中，系统提供的盘点手段有_____、_____、_____。

18. 在商业实际操作中，整个进货环节可进一步细分为_____和_____两步。

19. 从商业业务角度讲，商业所面临的结算有两类：进货发生与_____结算；销货发生与_____结算。

20. 前台管理系统中常用的外部设备有：_____、打印机、顾客显示牌、_____、_____等。

21. 所有的后台管理系统人员分成_____和_____两类。

22. 根据所用场合的不同，商品编码可分为_____和_____。

四、名词解释（本大题共3小题，每小题5分，共15分）

23. 销售点管理系统

24. 商业物流

25. 经销

五、简答题（本大题共 5 小题，每小题 5 分，共 25 分）

26. 在前台操作系统中，为什么要配备 UPS？

27. 在管理信息系统中，何为员工组？员工与员工组有什么关系？

28. 随着系统存储的数据量的增加，系统数据库的剩余空间也越来越小。要进行数据的清除，清除数据的原则是什么？

29. 目前条码技术已在许多领域中得到了广泛的应用，比较典型的应用领域有哪些？

30. 简述一维条码和二维条码的区别。

六、分析题（本大题 15 分）

31. 如果门店要订光明牛奶这样的商品，应在系统中如何操作？应填写那些单据？此配货属于直配配货，操作过程有哪些步骤？

综合模拟练习二

一、单项选择题（本大题共 10 小题，在每小题列出的四个备选项中只有一个是符合题目要求的，请将其代码写在题后的括号内。错选、多选或未选均无分。每小题 2 分，共 20 分）

1. 主要为美国和加拿大使用的商品条码是（　　）。
   A. UPC 码　　　　　B. EAN 码　　　　　C. 交插二五码　　　　D. Code–39 码

2. 在盘点中，反映商品在系统中的账面库存数量的是哪一项？（　　）。
   A. 账面数　　　　　B. 实盘数　　　　　C. 盘点金额

3. 从商业连锁企业的概念上看，不能体现鲜明一致性的是哪一项？（　　）。
   A. 顾客需求偏好一致　　　　　　　　B. 经营理念一致
   C. 商业组合服务一致　　　　　　　　D. 企业形象一致

4. 在整个连锁经营的物流系统中，作为一个关键节点的是（　　）。
   A. 运输中心　　　　B. 仓库　　　　　　C. 物流配送中心　　　D. 加工中心

5. 在盘点中，反映商品实盘数与账面数之差的是哪一项？（　　）。
   A. 账面数　　　　　B. 盈亏数　　　　　C. 盘点金额　　　　　D. 盈亏金额

6. 在前台收银员销售操作中，有时需要暂停正在进行的交易，以便处理其他交易，过一段时间再回到该交易继续进行处理，则可通过哪项功能来实现？（　　）。
   A. 零售退货　　　　B. 前台盘点　　　　C. 挂账　　　　　　　D. 冲账

7. 配送中心要对各连锁门店进行正确无误的信息综合管理，必须了解各店的商品资料，这时需要使用哪项功能？（　　）。
   A. 店表维护　　　　　　　　　　　　B. 供应商资料维护
   C. 客户资料维护　　　　　　　　　　D. 各店商品表维护

8. 电子收款机中的三类机的硬件组成以（　　）为基础。
   A. 计算技术　　　　　　　　　　　　B. 通信技术
   C. 机械技术　　　　　　　　　　　　D. 计算机技术

9. 在数据通信方式中，哪个是不对称数字用户环路？（　　）。
   A. PSTN　　　　　　B. ISDN　　　　　　C. DDN　　　　　　　D. ADSL

10. 目前，在商业领域使用的数据库管理系统主要是（　　）。
    A. ORSCLE、WORD、DB2　　　　　B. SYBASE、ORACLE、DB2
    C. DB2、SYBASE、WORD　　　　　　D. SYBASE、WORD、ORACLE

二、多项选择题（在每小题的五个备选答案中，选出二至五个正确答案，并将正确答案的序号分别填在题干的括号内，多选、少选、错选均不得分。每小题 2 分，共 10 分）

11. 1993 年年底，我国最早组织实施的"三金工程"是指（　　　）。

A. 金税工程　　　B. 金卡工程　　　C. 金桥工程　　　D. 金关工程

12. 从商业连锁店企业的概念上看，在哪些方面体现鲜明一致性？（　　　）

A. 商业组合服务一致　　　　　B. 经营理念一致

C. 顾客需求偏好一致　　　　　D. 企业形象一致

E. 经营管理一致

13. 属于配送中心计算机管理系统仓库管理子系统模块结构的是哪些？（　　　）

A. 仓库布置规划系统　　　　　B. 采购管理系统

C. 包装区规划系统　　　　　　D. 拣货区规划系统

E. 仓储区规划系统

14. 商品编码过程中的主要原则包括（　　　）。

A. 多样化　　　B. 规范化　　　C. 有含义　　　D. 唯一性

E. 暂时性

15. 下列传输介质，属于有线传输介质的是（　　　）。

A. 微波传输　　　B. 同轴电缆　　　C. 红外线传输　　　D. 双绞线

E. 光纤

三、填空题（本大题共 7 小题，请在每小题的空格中填上正确答案。错填、不填均无分。每空 1 分，共 15 分）

16. 在员工基本资料系统中，所有的权限可以分为两大类：一类称为_____，另一类称为_____。

17. 从范围看，库存管理中的盘点方法可分为_____和_____。

18. 电子收款机的三类机是基于 PC 新一代收款机，是_____技术、_____技术和_____技术的综合应用。

19. 二维条码主要有 PDF417 码、Code–49 码、Code 16K 码等，主要分为_____和_____两大类。

20. 迄今为止的连锁信息系统的主流开发方法有_____、_____和_____。

21. 商业连锁企业由_____、_____、_____构成。

四、名词解释（本大题共 5 小题，每小题 3 分，共 15 分）

22. 盘点

23. 自动补货

24. 物流系统运作的环节

五、简答题（本大题共 5 小题，每小题 5 分，共 25 分）

25. 总部有哪些职能部门？各职能部门有哪些功能？

26. 简述前台管理系统（POS）最主要功能。

27. 简述盘点应注意的事项。

28. 画出配送中心管理模型。

29. 连锁企业门店的系统由哪些子系统构成？各有什么功能？

六、分析题（本大题 15 分）

30. 一个门店洗发水畅销，库存缺。另一家门店滞销，库存积压，商业企业怎样实行门店之间的商品的调拨？内部调拨单与调入单、调出单有何区别？

综合模拟练习三

一、单项选择题（本题共 10 小题，每小题 3 分，共 30 分）

1. 在配送中心计算机管理系统模块结构中，（   ）所涉及的作业主要包括从各系统及流通业取得信息，制定各种经营政策，然后将政策内容及执行方针告知各个经营部门，并将配送中心的数据提供给流通业。

    A. 销售出库管理系统　　　　　　　　B. 经营效果评估系统

    C. 财务会计系统　　　　　　　　　　D. 采购入库管理系统

2. 商业连锁化是国际化商业（   ）的发展趋势。

    A. 大生产，大流通　　　　　　　　　B. 大流通，大市场

    C. 大生产，大市场　　　　　　　　　D. 大市场，大生产

3. 在 HDPOS 系统中，调价单属于（   ）类票据。

    A. 进货　　　　　　　　　　　　　　B. 出货

    C. 库存　　　　　　　　　　　　　　D. 营销管理

4. 前台只负责完成正常的商品零售业务，而大量的数据处理是在后台服务器和工作站上进行的，即通过（   ）模块来完成。

    A. 零售数据处理　　　　　　　　　　B. 数据文件交换

    C. 更新收银机数据库　　　　　　　　D. 数据备份

5. 若价格调整单中对价格的调整已经在系统中起了作用，则价格调整单的状态为（   ）。

    A. 未审核　　　　B. 已审核　　　　C. 已生效　　　　D. 未生效

6. 从系统角度上讲，"消费卡"是一个统称，在下列类型中，哪一个不是从卡的介质上来分的？（   ）

    A. 条码卡　　　　B. IC 卡　　　　C. 折扣卡　　　　D. 磁卡

7. 在连锁企业门店的管理环节中，不属于管理业务与应用程序的是（   ）。

    A. POS 系统　　　　B. 考勤报告　　　　C. 人员调度　　　　D. 招聘和培训

8. 在一个实施现代商业后台管理系统的企业中，应该作为企业最核心的部门是（   ）。

    A. 配送中心　　　　B. 财会部门　　　　C. 销售部门　　　　D. 信息中心

9. 网络适配器也称（   ），将计算机内部的信号格式和网络上传输的信号格式相互转化。

    A. 网卡　　　　B. 集线器　　　　C. 网络服务器　　　　D. 传输介质

10. 可表示数字和字母信息，主要用于医疗卫生、图书情报物资等领域自动识别的是（　　）。

    A. Code–39 码　　　　B. Codebar 码　　　　C. ISBN　　　　D. 交插二五码

二、多项选择题（本大题共 5 小题，每小题 4 分，共 20 分）

11. 下列属于配送中心计算机系统模块中的采购入库管理系统的是（　　）。

    A. 入库作业处理系统　　　　　　　　B. 库存控制系统

    C. 采购管理系统　　　　　　　　　　D. 应收账款系统

    E. 应付账款系统

12. HDPOS 系统的具体操作是以票据流方式进行商品进销调存的管理，以下票据中属于进货类票据的有（　　）。

    A. 配货进货单　　　　B. 进货退货单　　　　C. 进货溢余单　　　　D. 直配进货单

    E. 盘点单

13. 在 HDPOS 系统中，大包装商品和小包装商品存在一定数量关联关系，它们的关系为（　　）。

    A. 是同一商品　　　　　　　　　　　B. 不是同一种商品

    C. 在系统中有相同的代码　　　　　　D. 在系统中为不同的代码

    E. 可以有不同的价格

14. 在计算库存商品的存储时间时，需要用到的数据有（　　）。

    A. 毛利额　　　　B. 销售税金　　　　C. 固定费用　　　　D. 目标利润

    E. 日增长费用

15. 条码由两侧静区和（　　）组成。

    A. 起始字符　　　　B. 数据字符　　　　C. 校验字符　　　　D. 中间字符

    E. 终止字符

三、名词解释（本大题共 1 小题，每小题 5 分，共 5 分）

16. 挂账

四、简答题（本大题共 5 小题，每小题 5 分，共 25 分）

17. 收银员有哪些工作规范？

18. 盘点有哪些方法和手段？

19. 一个完整的 POS 机应包括的外围设备有哪些？

20. 简述 ABC 分析法的具体过程。

21. 进货环节可以细分为哪两步？为什么？

五、论述题（本大题共两小题，每小题 10 分，共 20 分）

22. 去商场或者超市收集收银小票，观察其格式有什么不同及相同点？

23. 经过配货进货单操作和配货出货单操作分别对整个系统信息产生了哪些作用？

参 考 文 献

[1] 宋文官，易艳红. 连锁企业信息管理［M］. 上海：立信会计出版社，2006.

[2] 寇长华，曾琢. 连锁企业信息管理系统［M］. 北京：科学出版社，2009.

[3] 2013 年度中国电子商务市场数据监测报告［R］. 杭州：中国电子商务研究中心，2014.

[4] 郑胜华. 电子商务+连锁经营：全新的经营模式［J］. 商业研究，2001（12）：138–141.

[5] 孙若莹，王兴芬. 电子商务概论［M］. 北京：清华大学出版社，2012.

[6] 宋文官. 连锁企业信息管理教程［M］. 北京：高等教育出版社，2008.

[7] 程华. 合作联盟：零售业电子商务的战略选择［J］. 商业经济与管理，2001（1）：23–25.

[8] 忻红，朱坤萍. 基于商业连锁经营的电子商务［J］. 中国流通经济，2003（4）：36–39.

[9] 廖成林，刘中伟. 我国传统企业走电子商务之路的策略探讨［J］. 商业研究，2003（6）：175–177.

[10] 吕一林. 美国现代商品零售业历史、现状与未来［M］. 北京：清华大学出版社，2001.

[11] 吴莹. 电子商务在中国的现状与发展［J］. 改革与战略，2003（11）：62–64.

[12] 孙前进，杨洋. 连锁企业信息系统与管理［M］. 北京：中国发展出版社，2010.

[13] 黄梯云. 管理信息系统［M］. 3 版. 北京：高等教育出版社，2005.

[14] 韦元华，舟子. 条形码技术与应用［M］. 北京：中国纺织出版社，2003.

[15] 彭力. 无线射频识别（RFID）技术基础［M］. 北京：北京航空航天大学出版社，2012.